200 activités à faire avec vos enfants

Des idées originales pour toute l'année !

Sandra Heute

À Pierre, Tom, Louise et Margot

ISBN 978-2-7540-5095-1
Dépôt légal : avril 2013
Imprimé en France par Pollina - L63397
Édition : Audrey Bernard
Mise en page intérieure : NPEG.FR
Mise en page couverture : Bérengère Renault
Illustrations de couverture, ouvertures de chapitre et page 89 : Nathalie Jomard
Illustrations d'activités : Dorothea Renault

Éditions First-Gründ
60, rue Mazarine
75006 Paris - France
Tél. : 01 45 49 60 00
Fax : 01 45 49 60 01
e-mail : firstinfo@efirst.com

Sites internet : **www.editionsfirst.fr – www.grund.fr**

Sommaire

Introduction

Aïe ! C'est les vacances et vous devez occuper le petit dernier !

Vous n'avez pas d'idées ?

Pas de panique ! Vous tenez le bon livre entre les mains !

Ici, vous trouverez ma sélection d'activités, classées par saison, qui font l'unanimité auprès de tous les enfants. Les petits comme les grands, seuls ou à plusieurs.

Depuis les activités sportives jusqu'aux activités manuelles, en passant par les recettes pour se régaler, tout y est pour passer de bons moments.

Et pour être sûrs de réussir vos activités à tous les coups, des gabarits et des variantes vous seront proposés afin de vous aider et de vous donner de nouvelles idées.

N'attendez plus et parcourez le livre ! Selon la saison, l'âge de votre enfant et le temps dont vous disposez, vous trouverez forcément de bonnes idées !

Quelques conseils préalables :

Prévoyez toujours ce matériel dans vos placards :

- Des feuilles blanches et de couleur, format A4, de 80 g,
- Des feuilles blanches et de couleur, format A4, cartonnées (de 120 à 190 g environ),
- Des ciseaux,
- Des assiettes en carton,
- Des ciseaux créatifs,
- Des feutres,
- De la colle blanche,
- De la peinture acrylique (qui tient sur tous les supports) et de la gouache pour les plus petits,
- Du scotch,
- Des ingrédients : farine, sucre, beurre, œuf.

Quand vous n'avez pas le matériel, vous pouvez le remplacer par...

- Si vous n'avez pas d'yeux mobiles, utilisez deux cercles découpés avec une perforatrice dans une feuille blanche. Rajoutez deux points noirs au centre.
- Si vous n'avez pas de petit morceau de feuille de couleur, coloriez une feuille blanche au feutre ou à la peinture.
- Si vous n'avez pas de compas, prenez une assiette, un couvercle de bocal, ou bien une ficelle tendue avec un crayon attaché à une extrémité.
- Si vous n'avez pas la couleur demandée, vous pouvez la fabriquer :

  Jaune et bleu = vert

  Jaune et rouge = orange

  Bleu et rouge = violet

  Bleu, jaune et rouge = marron

  Avec du blanc, on éclaircit et avec du noir, on fonce.

Où acheter mon matériel ?

Dans les magasins de loisirs créatifs et parfois dans les magasins de jouets. On trouve aussi des sites sur Internet qui vendent du matériel de loisirs créatifs à petits prix.

⚠ Attention danger !

Pour le déroulement de certaines activités décrites dans nos fiches, certains outils doivent être impérativement utilisés par un adulte.

Ne laissez jamais un enfant se servir :

- d'un couteau pointu
- d'un cutter
- du four
- d'une plaque chauffante
- d'un tournevis
- d'un pistolet à colle
- de la colle forte
- d'une pince coupante

Ne laissez jamais un enfant utiliser sans surveillance :

- Des ciseaux
- Un couteau
- Une pince

acte
1

Des idées pour le printemps

Ouverture

Signe d'un temps plus clément, le printemps est l'occasion de faire des jeux à l'extérieur dans le jardin ou le parc voisin. C'est aussi l'occasion de réaliser de multiples activités sur le thème de la nature : les fleurs, les insectes, les oiseaux...

SCÈNE 1 : **Activités manuelles**

Une carte en 3D

30 minutes | 7 à 10 ans | Activité d'intérieur

Matériel : 2 feuilles cartonnées format A4 de couleur, 1 feuille cartonnée orange, 1 feuille blanche format A3, 2 yeux mobiles en plastique, de la colle, 1 feutre noir, des ciseaux, le gabarit de la page 232

- Plier une feuille cartonnée en deux. Dessiner le long de la pliure le modèle du gabarit page 232. Découper et ouvrir. C'est l'oiseau.
- Dans la feuille cartonnée orange, découper un bec. Le coller sur l'oiseau. Coller aussi les yeux.
- Découper une bande de papier blanc de 3 cm x 30 cm. La plier en accordéon selon des bandes d'1,5 cm et coller les extrémités de l'accordéon entre les ailes de l'oiseau.
- Plier la deuxième feuille cartonnée en deux. C'est la carte. Coller l'oiseau sur la carte en alignant les marques de pliure ensemble.
- Dessiner des petites notes de musique tout autour de l'oiseau avec le feutre noir. Quand on ouvre la carte, l'oiseau joue de l'accordéon !

Variante : on peut rajouter des messages (joyeux anniversaire, bonne année, etc.).

Ça pousse !
(Un petit bout de jardin)

20 minutes | 3 à 6 ans | Activité d'intérieur

Matériel : lentilles vertes, terreau,
1 pot en verre (pot de yaourt vide et propre)

- Dans le pot, verser du terreau jusqu'à 1 cm du bord.
- Déposer les lentilles sur la terre puis arroser sans mettre trop d'eau. Placer quelques lentilles au bord du pot. Ainsi, lorsqu'elles vont pousser, les racines seront visibles.
- Laisser les pots à la lumière et observer les lentilles pousser. La terre doit rester toujours humide.

Un beau papillon

30 minutes €€ 5 à 8 ans Activité d'intérieur

Matériel : des ciseaux, de la peinture, 1 feuille cartonnée blanche, du scotch, 1 pique à brochette

-----

- Plier la feuille en deux puis la déplier.
- Avec la peinture, et en partant de la marque de pliure, dessiner la moitié d'un papillon (corps et ailes) en utilisant de belles couleurs.
- Avant que cela ne sèche, replier la feuille et appuyer fort.
- Déplier la feuille. Le papillon est parfaitement symétrique !
- Laisser sécher.
- Peindre le pique à brochette. Laisser sécher.
- Lorsque tout est sec, découper le papillon et scotcher le pique à brochette au dos.
- Il ne reste plus qu'à piquer le papillon dans un pot de fleurs !

Variante : on peut suspendre le papillon en y accrochant un morceau de ficelle.

Une carpe japonaise qui vole au vent

30 minutes | €€ | 9 à 12 ans | Activité d'intérieur

Matériel : 1 grande feuille de papier de riz, des ciseaux, des feutres, un crayon, un tuteur, du fil de nylon (30 cm), de la colle, une aiguille

-----

- Plier la feuille en deux dans sa longueur. Dessiner la moitié d'un poisson le long de la pliure. La bouche doit être grande ouverte.
- Découper le poisson en gardant la feuille pliée.
- Déplier la feuille et compléter le poisson : faire les écailles, les yeux, la bouche... Colorier aux feutres sans appuyer trop fort pour ne pas percer le papier.
- Fermer le poisson et coller les bords. Ne pas coller la bouche ni la queue.
- Faire un petit trou de chaque côté de la bouche avec l'aiguille.
- Couper deux morceaux de fil de nylon de 15 cm. Passer un morceau de ce fil dans un trou et faire un nœud à l'extrémité. Faire de même avec l'autre morceau et l'autre trou.
- Attacher les deux morceaux de fil ensemble et les fixer sur le tuteur.
- Planter le tuteur dehors : la carpe vole au vent !

Des crayons de cire maison

30 minutes + réfrigération €€ 8 à 12 ans + 1 adulte

Activité d'intérieur

Matériel : des restes de crayon de cire, une boîte de conserve (vide et propre), des vieux moules à glaçons ou à mini-gâteaux (attention, ils ne pourront plus servir à la cuisine)

- Retirer le papier qui entoure les crayons.
- Casser les crayons en morceaux et les mettre dans la boîte de conserve. Utiliser une seule couleur ou mélanger les couleurs.
- Placer la boîte au four à 100 °C (th. 3/4) pendant 5 minutes.
- Verser la cire fondue dans les mini-moules et placer au réfrigérateur. Retirer la cire des moules lorsqu'elle est bien dure. Les petits crayons aux formes étonnantes sont prêts !

Variante : on peut offrir les petits crayons dans des jolis sachets (voir page 204) !

Des fanions pour une fête

30 minutes | 7 à 10 ans | Activité d'intérieur

Matériel : des feuilles de couleur, des ciseaux, de la colle, des feutres, des paillettes, des gommettes, de la ficelle

-----

- Découper des rectangles d'environ 29,7 x 10,5 cm (une demi-feuille A4).
- Plier en deux horizontalement. Voici les fanions.
- En bas du fanion, faire une entaille triangulaire dans la largeur pour la décoration.
- Décorer ensuite les fanions avec des feutres, des paillettes, des gommettes, etc. On peut aussi découper des formes dans du papier noir ou de couleur puis les coller sur les fanions.
- Pour faire la guirlande de fanions, déplier les fanions, déposer de la colle au niveau de la pliure et poser le fanion à cheval sur la ficelle. Appuyer fort en refermant le fanion sur la ficelle (on peut aussi agrafer).
- Pour faire les fanions à planter, déplier les fanions, déposer de la colle au niveau de la pliure et poser le fanion à cheval sur le pique en bois. Appuyer fort en refermant le fanion sur le pique en bois (on peut aussi agrafer).

Variante : faire des petits fanions à planter dans des gâteaux avec des cure-dents et en réduisant la taille du rectangle de départ.

Un masque de super-héros

30 minutes | 5 à 10 ans | Activité d'intérieur

Matériel : de la feutrine rouge et jaune, 1 feuille de papier de récupération, du fil élastique, des ciseaux, de la colle pour tissu, 1 crayon, 1 grosse aiguille

-----

- Préparer le patron du masque sur la feuille de papier. Pour cela, tracer une bande de 6 cm de hauteur. Pour la longueur, elle doit aller d'une tempe à l'autre. Découper la bande. L'appliquer sur le visage et marquer les yeux et le haut du nez. À plat, découper des grands ovales pour les yeux et faire une encoche pour le nez.
- Reporter le patron sur la feutrine rouge et découper.
- Sur la feuille de papier, découper une étoile de 2,5 cm environ et la reporter au crayon deux fois sur la feutrine jaune. Découper les deux étoiles en feutrine et les coller de part et d'autre des yeux.
- A l'aide de l'aiguille, faire un trou de chaque côté du masque et attacher le fil élastique.
- Enfiler le masque : un super-héros est né !

Variantes : changer les couleurs et les formes (cœur, flèches, éclairs...)

La fleur magique (Idée originale pour dire des mots doux)

20 minutes | € | 8 à 12 ans | Activité d'intérieur

Matériel : le gabarit page 233, 1 feuille de papier « normale » 80 g, ciseaux, crayons de couleurs, 1 stylo

-----

- Photocopier ou décalquer le gabarit de la page 233.
- Découper selon les pointillés sans oublier de découper aussi les pétales jusqu'au cœur de la fleur.
- Écrire un message dans le cœur de la fleur au stylo.
- Colorier ensuite la fleur au crayon de couleurs (pas de feutres, car cela risque de baver avec l'eau).
- Ensuite, replier la fleur comme suivant : plier le long du trait chaque pétale les uns après les autres vers le cœur de la fleur. Ils vont se superposer jusqu'à recouvrir le cœur de la fleur.
- Pour faire découvrir le message, poser la fleur pliée sur l'eau et observer. La feuille absorbe l'eau et gonfle : les pétales s'ouvrent lentement au contact de l'eau.

Une illusion d'optique

30 minutes | €€ | 8 à 12 ans | Activité d'intérieur

Matériel : 1 feuille cartonnée blanche, des feutres, 2 élastiques de bureau, des ciseaux, de la colle, 1 perforatrice, 1 compas, 1 règle

-----

- Tracer et découper sur la feuille cartonnée blanche 2 cercles de 6 cm de diamètre.
- Sur l'un des cercles, dessiner une cage assez grande. Ne pas colorier.
- Au centre de l'autre cercle, dessiner un petit oiseau. Le colorier.
- Coller les deux cercles l'un sur l'autre tête-bêche : la cage est à l'endroit et l'oiseau à l'envers.
- Faire un trou de chaque côté du cercle et accrocher un élastique à chaque trou.
- Tenir les élastiques dans les mains et faire tournoyer le cercle sur lui-même.
- L'oiseau apparaît dans sa cage !

Variante : on peut changer les dessins (un lion dans sa cage, un poisson dans un bocal, etc.). Attention, le dessin représentant le contenant (cage, bocal, etc.) ne doit pas être colorié au feutre, car il ne laisserait pas apparaître l'autre dessin.

Fabriquer un jeu de lancer

30 minutes €€ 7 à 10 ans Activité d'intérieur

Matériel : 1 grand morceau carton de récupération, 1 crayon, des ciseaux, de la peinture et un pinceau, 3 petites balles (pour fabriquer des balles, voir page 96)

- Plier le morceau de carton en deux pour qu'il tienne tout seul quand on le pose.
- Dessiner sur une face du carton une tête de clown avec la bouche grande ouverte. Faire un gros trou au niveau de la bouche (au moins deux fois plus gros que la taille des balles).
- Peindre la tête et le carton sur toutes les faces avec des couleurs vives.
- Laisser sécher.
- Poser le carton au sol ou sur un support (tabouret, table, etc.)
- Reculer de quelques pas (varier la distance selon l'âge des joueurs).
- Le but est de réussir à lancer les trois balles dans la bouche du clown.

Variante : faire plusieurs trous plus ou moins grands avec un système de points ou dessiner une autre tête selon l'occasion (monstre pour Halloween, père Noël, bonhomme de neige, poisson, etc.).

Le jeu de Memory

40 minutes | 8 à 12 ans | Activité d'intérieur

Matériel : des ciseaux, des feutres, 1 grande feuille cartonnée de couleur et 1 grande blanche, de la colle, 1 crayon, 1 règle

-----

- Coller les deux feuilles l'une sur l'autre. Sur cette feuille maintenant bicolore, tracer et découper un nombre pair de carrés de 5 cm x 5 cm. Plus il y aura de cartes (les carrés), plus le jeu sera difficile.
- Sur le côté blanc, faire un dessin relatif au printemps (un insecte, un arbre, une fleur, un soleil, etc.). Il faut mettre de la couleur et faire des dessins simples. Une carte, un élément.
- Reproduire exactement le même dessin sur une deuxième carte.
- Fabriquer ainsi toutes les cartes en deux exemplaires.

Pour jouer :

- Étaler toutes les cartes sur la table, face dessinée cachée.
- Tour à tour, les joueurs soulèvent deux cartes et doivent essayer de retrouver les paires. Lorsqu'un joueur trouve une paire, il peut rejouer.
- Celui qui aura trouvé le plus de paires aura gagné !

Variante : on peut faire le même jeu sur d'autres thèmes (hiver, Noël, l'été, la forêt, la plage, la campagne, les animaux, l'école, un conte, etc.). Pour conserver le jeu plus longtemps, on peut aussi plastifier les cartes avec une plastifieuse ou du papier pour recouvrir les livres.

Un oiseau en papier à suspendre

30 minutes | 4 à 7 ans | Activité d'intérieur

Matériel : le gabarit de l'oiseau page 234, des feuilles de couleurs, des feutres, de la ficelle, des ciseaux

-----

- Décalquer le gabarit de l'oiseau (page 234) et le reproduire sur une feuille cartonnée de couleur.
- Décorer l'oiseau aux feutres sans oublier de lui colorier le bec et les yeux. Penser à faire le recto et le verso.
- Prendre une autre feuille de couleur et la plier en accordéon selon une largeur d'1 cm.
- Dans le corps de l'oiseau, faire l'entaille aux ciseaux. Passer la feuille pliée en accordéon dedans afin de former les ailes.
- Découper un petit trou au niveau du dos de l'oiseau. Il ne reste plus qu'à suspendre l'oiseau en passant une ficelle dans ce trou.

La paille fonceuse !

10 minutes €€ 6 à 12 ans Activité d'intérieur

Matériel : 1 longue ficelle (3 mètres minimum),
1 paille à boire, 1 ballon de baudruche, du scotch

- Enfiler la paille sur la ficelle et tendre la ficelle.
- Scotcher un ballon gonflé (en tenant son ouverture) sur la paille. Placer l'ouverture à l'opposé de la direction où il doit aller.
- Lâcher le ballon et il fonce le long de la ficelle !

Fabriquer un paon avec ses mains

30 minutes €€ 4 à 7 ans Activité d'intérieur

Matériel : 2 feuilles blanches, des feuilles de couleur, des feutres, 1 crayon, de la colle, des ciseaux

-----

- Sur une feuille bleue, avec le crayon, faire le contour de sa main (doigts collés, pouce dégagé). Découper. C'est le corps du paon de profil. Le pouce représente la tête avec le cou.
- Découper un cercle pour un œil dans une feuille blanche. Coller et rajouter un point au feutre noir au centre du cercle.
- Découper un bec et des pattes dans la feuille orange et les coller sur le paon.
- Dans des feuilles de couleur, faire le contour de sa main les doigts ouverts. Découper les mains.
- Coller les mains au centre de la feuille blanche en les superposant pour faire les plumes du paon.
- Coller ensuite le corps un peu de travers (le pouce est presque à la verticale) au centre de la feuille.
- Et voilà un joli paon !

Variante : on peut aussi directement dessiner les mains sur la feuille blanche et les colorier.

Un masque d'éléphant

30 minutes | 4 à 7 ans | Activité d'intérieur

Matériel : 2 assiettes en carton, de la peinture, des ciseaux, 1 crayon, 1 agrafeuse, du fil élastique

-----

- Découper une assiette en deux. Ce sont les deux oreilles.
- Dans l'autre assiette (la tête de l'éléphant), faire deux trous pour les yeux. À l'opposé des yeux, en bas de l'assiette, faire deux entailles en partant du rebord de l'assiette jusqu'au centre (c'est la trompe).
- Peindre tous les éléments en gris de chaque côté. Rajouter ses sourcils et des traits horizontaux sur la trompe à la peinture noire.
- Agrafer les oreilles sur la tête.
- Enrouler la trompe sur un crayon pour lui donner du relief. Retirer le crayon.
- Accrocher un élastique de la longueur adéquate pour faire tenir le masque sur le visage.

Peinture à la brosse à dents et au pochoir

30 minutes | €€ | 7 à 12 ans | Activité d'intérieur

Matériel : 2 feuilles cartonnées blanches, des ciseaux, de la gouache, 1 vieille brosse à dents, 1 protection pour la table

-----

- Dessiner et découper une forme (le pochoir) dans une feuille blanche.
- Poser la forme découpée sur l'autre feuille.
- Tremper la brosse à dents dans la peinture.
- Passer son pouce sur la tête de la brosse à dent afin d'envoyer de la peinture sur la feuille. Attention, ça éclabousse ! Recouvrir toute la feuille de cette manière.
- Une fois la peinture sèche, retirer le pochoir et la forme apparaît.

Des petits poissons

30 minutes €€ 8 à 12 ans Activité d'intérieur

Matériel : 1 feuille cartonnée blanche, des ciseaux, de la colle, du gros sel, de l'encre bleue, 1 petit rouleau ou 1 gros pinceau, 1 filet à oignons, du papier aluminium, des feutres indélébiles de couleur

- Préparer le fond de l'océan en recouvrant toute la feuille d'encre bleue. Avant que cela ne sèche, déposer du gros sel un peu partout sur la feuille.
- Une fois sec, retirer le gros sel qui aura absorbé de l'encre créant un joli effet de mer.
- Préparer les poissons en les dessinant sur la feuille de papier aluminium.
- Poser la feuille de papier aluminium sur le filet et gratter avec le doigt au niveau des poissons pour faire ressortir le relief : cela dessinera les écailles des poissons.
- Colorier les poissons avec les feutres sans abîmer les écailles.
- Découper et coller les poissons sur le fond de l'océan.

Chausser et décorer des ballons de baudruche

20 minutes €€ 7 à 12 ans Activité d'intérieur

Matériel : des ciseaux, des feutres, des feuilles cartonnées blanches ou de couleur, gabarit de la page 235

- Sur une feuille cartonnée de couleur, reproduire et découper le gabarit page 235.
- Avec les feutres, imaginer des chaussures : lacets, forme, couleur... Découper sur les pointillés.
- Gonfler le ballon et faire un nœud. Passer le nœud du ballon par la fente des chaussures. Voilà un ballon chaussé !
- Dessiner et découper dans les feuilles des accessoires, des yeux, des moustaches... puis les coller sur le ballon.

Peindre des escargots rigolos !

30 minutes €€ 4 à 8 ans Activité d'intérieur

Matériel : des ciseaux, de la peinture, 1 éponge carrée plate, du scotch, 1 feuille cartonnée blanche

-----

- Découper dans l'éponge une bande de 15 cm x 5 cm et une autre de 15 cm x 3 cm.
- Poser les deux bandes l'une sur l'autre en les alignant bord à bord.
- Enrouler les deux bandes sans trop serrer et fermer le rouleau obtenu en faisant plusieurs tours de scotch. Attention, il faut mettre le scotch du côté où les deux bandes sont alignées bord à bord.
- Tremper le tampon ainsi fabriqué dans la peinture et imprimer les spirales sur la feuille blanche.
- Avec un pinceau, peindre le corps des escargots sans oublier leurs antennes.

Une peinture aborigène

20 minutes €€ 8 à 12 ans Activité d'intérieur

Matériel : de la peinture, 1 pinceau, des Cotons-Tiges, 1 feuille cartonnée blanche, 1 crayon à papier

-----

- Sur la feuille, dessiner légèrement au crayon à papier des animaux : une tortue, une salamandre ou un kangourou par exemple (voir gabarit page 236).
- Repasser ces formes à l'aide du pinceau et de la peinture.
- Remplir les formes en faisant des points à l'aide de Cotons-Tiges trempés dans la peinture.
- Faire aussi avec cette technique du Coton-Tige des lignes de points sur toute la feuille.

Variante : cette technique rend très bien sur du papier noir. Utiliser alors des peintures de couleurs claires.

De jolies petites coccinelles

20 minutes €€ 4 à 7 ans Activité d'intérieur

Matériel : 1 noix (ou noix de coco), 1 feuille cartonnée, de la peinture, des yeux mobiles, de la colle blanche, du vernis à gouache ou 1 bombe de vernis avec paillette, 1 feuille cartonnée noire

-----

- Ouvrir la noix et ne garder que les coques. Peindre les noix avec de la peinture rouge. Laisser sécher.
- Avec la peinture noire, tracer une ligne qui sépare la noix en deux parties puis peindre des points.
- Vernir les coques après séchage.
- Poser une demi-noix sur la feuille cartonnée noire. Tracer le contour autour de la noix en incluant trois pattes de chaque côté du corps et une tête à l'avant. Découper selon ce contour.
- Coller la demi-noix sur la feuille et coller les yeux sur la tête.

Variante : faire la même technique avec un modèle de tortue. Changer la couleur, mettre seulement deux pattes et ne pas oublier la queue.

Des papillons peints avec ses doigts

20 minutes | 4 à 6 ans | Activité d'intérieur

Matériel : de la gouache ou peinture à doigts (spéciale jeunes enfants), des feuilles cartonnées de couleur ou blanches, 1 pinceau

-----

- Peindre son index et l'appliquer sur la feuille. Voici le corps du papillon.
- Peindre le bout du pouce et l'appliquer sur la feuille de part et d'autre du corps. Voici les ailes supérieures du papillon.
- Rajouter les ailes inférieures en peignant le bout de son index et en l'appliquant sous les ailes supérieures.
- Pour dessiner les antennes du papillon, peindre l'auriculaire et l'appliquer à 2 reprises sur la tête du papillon.

Variante : on peut disposer plusieurs papillons sur une même feuille.

Pour faire une carte de vœux ou d'invitation originale, plier une feuille cartonnée format A4 en deux, puis faire les papillons sur la carte.

Des drôles de poissons porte-prénoms

30 minutes 8 à 12 ans Activité d'intérieur

Matériel : des ciseaux, des demi-feuilles cartonnées de couleur, 1 feutre noir

-----

- Plier la feuille de couleur en deux. Dessiner et découper un demi-poisson le long de la pliure.
- Faire six entailles perpendiculairement à la pliure.
- Déplier le poisson. Soulever une languette sur deux. Il tient tout seul !
- Dessiner un œil et inscrire le prénom.

Une poule peinte de ses mains

20 minutes | € | 4 à 6 ans | Activité d'intérieur

Matériel : de la gouache ou peinture à doigts (spéciale jeunes enfants), 1 feuille de papier épaisse de couleur ou blanche, 1 pinceau

-----

- Recouvrir toute sa main de peinture et l'appliquer sur la feuille. C'est la poule.
- Peindre le bout de son index et l'appliquer une fois sous la tête de la poule pour les barbillons, trois fois au-dessus de la tête pour faire la crête.
- Peindre le bout de son petit doigt en jaune ou orange pour faire le bec de la poule. Pour dessiner ses pattes, appliquer deux fois l'auriculaire peint en jaune ou orange sous la poule. Puis appliquer trois fois le bout de l'index en bas de chaque patte.
- On peut rajouter au feutre ou à la peinture un décor pour la poule (une ferme, de l'herbe, etc.)

Un pré de sucettes en fleur

30 minutes €€ 7 à 12 ans Activité d'intérieur

Matériel : des sucettes, 1 emporte-pièce fleur, du papier de soie de couleur, du papier vert, de la colle, des ciseaux, 1 bloc de mousse pour fleur ou 1 bloc de polystyrène

-----

- Découper dans le papier de soie des fleurs à l'aide de l'emporte-pièce.
- Si on ne dispose pas d'emporte-pièce, découper plusieurs fleurs type marguerite. Pour les faire de la même taille, plier le papier de soie en 8 et découper une fleur en gardant le papier plié. On obtient alors 8 fleurs identiques.
- Au centre des fleurs, percer un trou à l'aide d'une aiguille, d'une mine, etc. Insérer le bâton d'une sucette dans le trou de la fleur ; et faire remonter la fleur jusqu'au bonbon.
- Plier le papier vert en deux. Découper une forme de feuille perpendiculaire à la pliure. Ouvrir la forme et l'encoller. Placer le bâton à l'intérieur et refermer la forme en appuyant fort. On obtient une sucette en fleur !
- Réitérer l'opération pour faire les autres fleurs. Pour faire le pré, coller du papier vert tout autour du bloc de mousse. Il doit dépasser du bloc. Faire des entailles dans le papier qui dépasse afin de matérialiser de l'herbe.
- Planter les sucettes : voilà une présentation idéale pour un goûter !

Fabriquer du sable coloré

30 minutes | €€ | 6 à 8 ans | Activité d'intérieur

Matériel : des feutres, du sel, du papier d'aluminium, 1 joli bocal en verre

-----

- Découper un morceau de papier aluminium de 20 cm environ et le colorier avec un feutre.
- Déposer du sel sur le papier aluminium coloré et frotter avec son doigt. Le sel se colore.
- Verser le sel coloré dans le bocal et alterner les couleurs.
- Pour changer de couleur, prendre un autre morceau de papier aluminium, changer de feutre et remettre du sel.

Un hélicoptère de papier

20 minutes · 8 à 12 ans · Activité d'intérieur

Matériel : 1 feuille cartonnée blanche, des feutres, 1 trombone, des ciseaux, 1 crayon, 1 règle

-----

- Tracer et découper dans la feuille blanche cartonnée un rectangle de 24 cm x 6 cm. Découper, dans le sens de la longueur et au milieu, une fente sur 11 cm.
- Dessiner de chaque côté de la feuille et du côté opposé à la fente, un pilote dans sa cabine (la tête vers la fente). Colorier.
- Mettre un trombone à l'opposé de la fente et au centre du rectangle (c'est-à-dire sous le pilote).
- Plier les deux languettes formées par la fente en sens opposé comme une hélice.
- Lancer l'hélicoptère en l'air et le regarder tourner et voler !

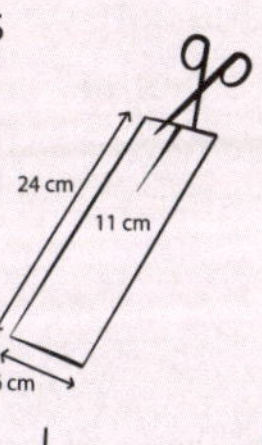

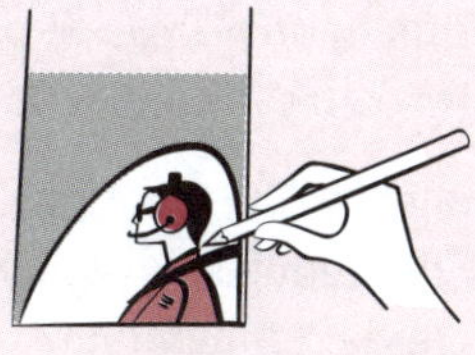

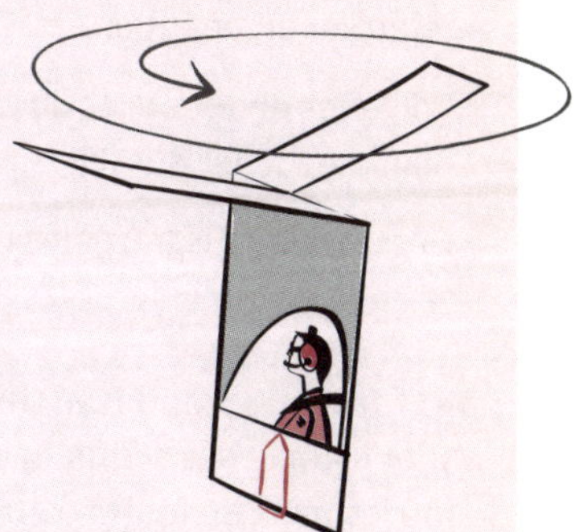

Une petite souris

20 minutes €€ 4 à 7 ans Activité d'intérieur

Matériel : 1 petite assiette en carton, de la peinture, de la laine, des ciseaux, 1 feutre noir, des yeux mobiles, 1 feuille cartonnée rose, de la colle blanche

-----

- Plier l'assiette en 2 et peindre les deux côtés en gris clair. C'est le corps de la souris.
- Dessiner 2 cercles dans la feuille rose et découper. Ce sont les oreilles.
- Avec la laine, faire une tresse et finir par un nœud. On peut aussi mettre un bout de laine simple, de la ficelle, un ruban, du fil cure-pipe, etc. C'est la queue de la souris.
- Étaler la colle à l'intérieur de l'assiette pliée, insérer la queue et refermer en appuyant fort.
- Coller les deux cercles de chaque côté de la souris à l'aide de la colle blanche. Coller aussi les yeux mobiles.
- Dessiner le museau et les moustaches au feutre. La souris est prête !

Variante : utiliser des assiettes en carton de différentes tailles pour varier la taille des souris. Si on n'a pas de petits yeux mobiles, on peut faire les yeux au feutre ou les découper dans du papier cartonné noir.

Idée cadeau : coller la souris sur une pince à linge pour l'accrocher partout ou tenir des feuilles de papier. On peut aussi la coller sur un aimant pour décorer le réfrigérateur.

Teinture de fleurs

10 minutes + 1 h de teinte 9 à 12 ans + 1 adulte

Activité d'intérieur

Matériel : des fleurs blanches (tulipes, roses, etc.), de l'encre de couleur, 1 cutter, 1 vase

-----

- Avec un cutter (intervention d'un adulte), fendre à 2 ou 3 reprises le bas d'une tige de fleur blanche dans le sens de la hauteur.
- Remplir un vase avec 1/3 d'encre et 2/3 d'eau et y positionner la fleur.
- La fleur va se teinter au bout d'une heure.

Variante : pour rendre une fleur blanche bicolore, plonger une partie de la tige dans un vase avec un mélange eau et encre d'une couleur, et plonger l'autre partie de la tige dans un autre vase avec un mélange eau et encre d'une autre couleur.

Un marque-page en fleurs séchées

30 minutes €€ 7 à 12 ans Activité d'intérieur

Matériel : 1 feuille cartonnée, des ciseaux, 1 crayon, 1 règle, de la colle, 4 petites fleurs séchées, 1 feutre vert, 15 cm de ruban, 1 perforatrice, 1 plastifieuse ou du film adhésif transparent

-----

- Couper une bande de 15 cm x 4 cm dans la feuille cartonnée.
- Disposer les fleurs séchées les unes en dessous des autres et les coller soigneusement.
- Avec un feutre vert, dessiner une longue tige en traçant une ligne partant au-dessus de la première fleur allant jusqu'en-dessous de la dernière fleur. Ne pas passer sur les fleurs. Lever le crayon.
- Rajouter avec le feutre vert des petites feuilles tout le long de la ligne.
- Plastifier avec une plastifieuse ou recouvrir de film adhésif transparent.
- Faire un trou à la perforatrice en haut du marque-page et y passer le ruban. Faire un nœud.
- Le marque-page est prêt !

Un avion à faire voler !

30 minutes €€ 7 à 12 ans + 1 adulte pour le découpage

Activité d'intérieur

Matériel : des ciseaux, le gabarit de la page 237, du polystyrène fin (ou support de pizzas, ou carton épais mais léger), des feutres, de la pâte à fixer, 1 cutter (attention, le cutter doit être manipulé par un adulte !) ou 1 paire de ciseaux

-----

- Reproduire et découper sur le polystyrène le gabarit de l'avion.
- Faire les entailles comme sur le gabarit page 237.
- Colorier l'avion sur toutes les faces. Vous pouvez choisir de réaliser un avion de chasse, un avion de ligne, de voltige…
- Assembler les parties : insérer les ailes dans la fente de l'avion puis insérer la queue à l'arrière de l'avion.
- Pour plomber l'avion, coller un petit bout de pâte à fixer sur le nez de l'avion. Ajuster la quantité afin que l'avion puisse planer sans piquer du nez.
- Lancer l'avion dans les airs !

Variante : lancer une compétition de l'avion qui vole le plus loin !

De belles toupies colorées

40 minutes | €€ | 8 à 12 ans | Activité d'intérieur

Matériel : des ciseaux, de la peinture, du carton, 1 compas, 1 pique à brochette

-----

- Couper le pique à 10 cm de la pointe.
- Sur le carton, tracer et découper des cercles de 5 cm, 3 cm et 1 cm de diamètre.
- Les peindre des deux côtés avec les couleurs de son choix. Peindre aussi le pique. Laisser sécher le tout.
- Coller tous les cercles les uns sur les autres par ordre de taille.
- Enfoncer le pique dans les 3 cercles en laissant la pointe dépasser de 1,5 cm.
- Faire tourner le pique entre ses doigts et lâcher : la toupie tourne toute seule !

Variante : varier la taille et les formes des toupies (étoiles, fleur, etc.).

On peut faire des concours de la toupie qui tourne le plus longtemps.

Un trésor de pirate ou comment fabriquer des pièces en argent

30 minutes | 7 à 10 ans | Activité d'intérieur

Matériel : 1 feuille cartonnée, des ciseaux, de la colle, 1 crayon, du papier aluminium, des bouchons (bouteille d'eau, couvercles de flacon à épices, etc.)

- Poser le bouchon sur une feuille cartonnée, puis tracer son contour.
- Découper le disque ainsi obtenu puis le coller sur du papier aluminium coté non brillant (de manière à avoir le côté brillant visible.)
- Découper autour de la pièce et rabattre le papier sur le carton. Renouveler l'opération sur l'autre côté de la pièce.
- Maintenant il ne reste plus qu'à décorer la pièce avec un crayon non pointu afin de ne pas percer le papier.
- Avec différents bouchons ou couvercles, on peut faire des pièces de toutes tailles.

Des petites poules

30 minutes + 24 h de séchage €€€ 8 à 12 ans
Activité d'intérieur

Matériel : de la pâte qui sèche à l'air, des ciseaux, des yeux mobiles, 1 feuille cartonnée orange, des plumes de couleur, 1 couteau, de la colle, 1 pique à brochette (ou cure-dent ou aiguille à tricoter, etc.)

- Faire une boule avec la pâte qui sèche à l'air.
- Faire une entaille au couteau vers le haut de la boule (pour y mettre le bec).
- À l'aide du pique à brochette, faire un trou de chaque côté de la boule (pour y mettre les plumes).
- Laisser sécher 10 minutes.
- Dans la feuille cartonnée orange, découper un bec (un triangle) et deux pattes.
- Appliquer de la colle sur le bec et l'enfoncer dans l'entaille sur la boule.
- Appliquer de la colle sur le dessus des pattes et les coller sous la boule. Les pattes doivent dépasser aux 2/3 de la boule.
- Appliquer de la colle sur le bout des plumes et les insérer dans les trous.
- Coller les yeux au-dessus du bec. Laisser sécher 24 heures pour que la pâte devienne bien dure. La petite poule est prête !

Variante : on peut faire un coq en ajoutant une crête rouge découpée dans une feuille cartonnée rouge. Faire l'entaille au couteau au-dessus de la boule avant le séchage.
Pour imiter de la paille pour y mettre la poule, découper de fines bandes de papier crépon jaune.

SCÈNE 2 : **Jeux**

Un jeu explosif !

10 minutes 3 joueurs minimum 7 à 12 ans

Activité d'intérieur ou extérieur

Matériel : 2 ballons de baudruche par joueur, 2 morceaux de 70 cm de ficelle par joueur

-----

- Les joueurs attachent un ballon à chacune de leurs chevilles avec la ficelle.
- Le but du jeu est d'écraser les ballons des autres joueurs sans se faire écraser les siens.
- Un joueur est éliminé lorsque ses deux ballons ont été écrasés.
- Le gagnant est le joueur qui a gardé ses deux ballons gonflés.

Variantes : pour faciliter le jeu, ne proposer qu'un seul ballon par joueur. Pour rendre la partie plus rapide, délimiter un espace de jeu.

Le chat blessé

10 minutes 3 joueurs minimum 5 à 8 ans
Activité d'extérieur

- Un joueur représente le chat et les autres joueurs les souris.
- Le chat doit toucher une souris qui deviendra chat à son tour.
- Pour jouer au chat blessé, le chat doit courir après une souris en se tenant là où il a été touché.

Le chat couleur

10 minutes 3 joueurs minimum 6 à 8 ans
Activité d'extérieur

- Un joueur représente le chat et les autres joueurs les souris.
- Pour jouer au chat couleur, le chat annonce une couleur et les souris doivent aller toucher un objet ou un élément de la couleur donnée.
- Pendant ce temps, le chat essaye d'attraper une souris.
- Si la souris ne touche pas la couleur donnée lorsque le chat la touche, elle devient chat à son tour.

Le chat double

10 minutes 6 joueurs minimum 6 à 8 ans
Activité d'extérieur

- Deux joueurs représentent les chats. Ils doivent se déplacer par deux en se tenant par la main.
- Les autres joueurs sont les souris et doivent aussi se déplacer par deux en se tenant par la main.
- Lorsqu'une des souris est touchée, c'est la paire qui devient chat à son tour.

La course d'échasses

5 minutes par course · 2 joueurs · 7 à 10 ans + 1 adulte

Activité d'extérieur

Matériel : boîtes de conserve vides (2 par joueur), ficelle (1,50 m par échasse), 1 foret ou 1 vrille (manipulation par un adulte)

Pour fabriquer les échasses :

- Dans les boîtes de conserve, percer 2 trous l'un en face de l'autre (intervention d'un adulte) sur le côté plat.
- Passer la ficelle dans les trous et faire un nœud avec les extrémités de la ficelle à l'intérieur de la boîte.
- Les échasses sont prêtes !

Pour la course :

- Délimiter un départ et une arrivée (deux pots de fleurs, deux bouteilles, des foulards...).
- Chaque enfant pose un pied sur chaque échasse en tenant fermement la ficelle.
- Lancer le départ et le premier arrivé sur la ligne d'arrivée, encore debout sur ses échasses, a gagné !

Danse numérique !

10 minutes 3 joueurs minimum 8 à 12 ans

Activité d'intérieur ou extérieur

Matériel : sa mémoire !

- Un joueur est le meneur de jeu. Il se tient debout face aux autres joueurs. Ils sont debout dans l'espace de jeu.
- Le meneur dit le chiffre 1. Les joueurs associent un geste de leur choix à ce chiffre.
- Puis le meneur dit le chiffre 2. Les joueurs associent un autre geste de leur choix à ce chiffre.
- Et ainsi de suite.
- Par exemple : 1 = ma main droite sur mon épaule droite, 2 = ma main gauche touche mon genou droit, etc.
- Chacun danse sans y penser !
- Le meneur peut varier la vitesse à laquelle il énumère les nombres. Suivant l'âge des joueurs, faire varier de nombre de chiffres/gestes à retenir.

Tic-Tac Bombe

15 minutes 3 joueurs minimum 3 à 7 ans

Activité d'intérieur ou d'extérieur

Matériel : 1 balle, 1 bandeau

- Les joueurs assis par terre forment un cercle.
- Un joueur est assis au centre du cercle les yeux bandés. Il choisit dans sa tête un nombre entre 3 et 30. Il est la bombe !
- Les joueurs du cercle se passent la balle. En même temps, ils comptent de 1 en 1 à voix haute.
- Lorsque les joueurs arrivent au nombre choisi par l'enfant « bombe », ce dernier crie « BOUM ! »
- Le joueur qui tenait la balle à cet instant est éliminé.
- La partie peut continuer jusqu'à éliminer tous les joueurs du cercle.
- L'enfant « bombe » peut changer à la prochaine partie.

Le jeu de la gamelle

10 minutes 4 joueurs minimum 8 à 12 ans

Activité d'extérieur

Matériel : 1 ballon

- Placer le ballon au centre de l'espace de jeu.
- Un joueur est le loup.
- Un joueur frappe dans le ballon. Le loup va récupérer le ballon pour le remettre en place. Pendant ce temps, les autres joueurs se cachent.
- Le loup doit retrouver tous les joueurs et taper sur la balle en disant le prénom du joueur et sa cachette. Par exemple : « Vu Pierre, derrière le chêne ! »
- Le joueur découvert devient prisonnier et se place à côté du ballon.
- Le jeu continue.
- Sans se faire voir par le loup, les joueurs peuvent libérer le prisonnier en venant frapper dans le ballon. Le loup doit alors récupérer le ballon pour le remettre en place.
- Le loup gagne s'il a réussi a faire prisonnier tous les joueurs.
- Au bout de 10 minutes, arrêter la partie et changer de loup.

L'attrape-couleur

10 minutes 3 joueurs minimum 6 à 10 ans

Activité d'extérieur ou intérieur

Matériel : 1 balle ou 1 petit objet facile à lancer

- Les joueurs assis par terre forment un cercle.
- Un joueur tient la balle. Il annonce une couleur en lançant la balle à un autre joueur qui, en rattrapant la balle, doit annoncer un objet, un animal, un élément de la couleur demandée.
- S'il gagne, il lance la balle à un autre joueur en annonçant une couleur de son choix. Et ainsi de suite.
- Si le joueur ne rattrape pas la balle ou s'il se trompe, il est éliminé.
- Le dernier joueur a gagné !

Attention lézards !

10 minutes 3 joueurs minimum 6 à 12 ans

Activité d'extérieur

Matériel : du papier crépon

- Découper une longue bande de papier crépon pour chaque joueur.
- Les joueurs sont des lézards. Ils glissent une bande de papier crépon (la queue du lézard) derrière eux, dans leur ceinture de pantalon.
- Chaque joueur doit attraper le plus de queues sans se faire attraper la sienne.
- Un lézard est éliminé s'il s'est fait prendre sa queue.
- Le gagnant est celui qui a attrapé le plus de queues sans s'être fait prendre la sienne !

Le jeu des noix de coco

5 minutes · 5 joueurs minimum · 8 à 12 ans

Activité d'intérieur ou d'extérieur

Matériel : 1 corde (ou des plots), des ballons de baudruche (ou ballons légers mais à faire en extérieur !)

- Un joueur est l'arbitre (ou un adulte).
- Sur deux terrains séparés par la corde ou les plots, partager les joueurs en deux équipes de petits ouistitis !
- Placer les équipes de part et d'autre de la ligne.
- Donner autant de ballons à chaque équipe.
- Au signal de départ donné par l'arbitre, les ouistitis se débarrassent des noix de coco (les ballons) en les lançant dans le terrain adverse. Le but est d'avoir le moins de noix de coco dans son terrain.
- Au bout de 2 minutes l'arbitre donne le signal de fin, et tous les joueurs s'arrêtent.
- Compter le nombre de ballons dans chaque terrain. L'équipe qui a le moins de ballons sur son terrain a gagné.

SCÈNE 3 : **Recettes de cuisine**

Roses des sables de Corinthe

15 minutes + 1 h de réfrigération €€ 4 à 10 ans + 1 adulte

Activité d'intérieur

Matériel : 1 saladier, 1 cuillère, 1 casserole, 1 plaque de silicone ou recouverte de papier cuisson

Ingrédients : 200 g de chocolat pâtissier, 60 g de céréales type corn-flakes, 100 g de raisins secs

-----

- Faire fondre le chocolat cassé en petits morceaux dans la casserole.
- Dans un saladier, mélanger les céréales, les raisins et le chocolat fondu.
- Sur une plaque de silicone, former des petits paquets avec ce mélange.
- Mettre 1 heure au réfrigérateur.
- Déguster !

Une assiette de petites souris à dévorer !

20 minutes | €€ | 6 à 10 ans | Activité d'intérieur

Matériel : 1 assiette, 1 couteau, 1 épluche-légumes

Ingrédients pour une assiette de 2 souris : 2 œufs durs, 2 feuilles de salade, 1 carotte, de la ciboulette en brin.

- Poser un œuf allongé dans une assiette et couper une petite partie du dessous pour qu'il tienne à plat. La partie la plus fine de l'œuf représente la tête de la souris.
- Éplucher la carotte et couper dans la partie la plus petite, trois rondelles.
- Faire une entaille dans l'œuf de chaque côté de la tête de la souris. Insérer deux rondelles de carottes pour faire les oreilles.
- Dans la troisième rondelle, découper trois petits bâtons.
- Planter deux bâtons de carotte pour faire les yeux et l'autre bâton pour faire le museau.
- Découper 6 petits morceaux de ciboulette et les planter de part et d'autre du museau pour faire les moustaches.
- Découper un morceau de ciboulette de 5 cm et le planter à l'arrière de l'œuf pour faire la queue.
- Déposer la souris sur une feuille de salade.
- Recommencer avec le deuxième œuf. Bon appétit !

Un oiseau de crudités à dévorer !

30 minutes €€ 6 à 12 ans + 1 adulte

Activité d'intérieur

Matériel : 1 saladier, 1 épluche-légumes, 1 couteau

Ingrédients : 1 concombre, du fromage frais à tartiner, des tomates cerise, 1 poivron jaune, de la ciboulette (facultatif), du sel et poivre, des feuilles de persil

-----

- Éplucher le concombre et couper des tranches de 1,5 cm d'épaisseur.
- Dans un saladier, mélanger le fromage frais, la ciboulette, le sel et le poivre. Faire des petites boulettes avec ce mélange et poser une boulette sur les tranches de concombre.
- Laver le poivron. Y découper des petits triangles (bec des oiseaux) et des fines bandes (compter trois lanières par queue).
- Laver les tomates (la tête de l'oiseau) et faire une petite entaille pour y glisser le bec en poivron. Planter sur le dessus de la tomate une feuille de persil.
- Poser la tomate sur le bord de la tranche de concombre/fromage.
- Planter trois lanières de poivron dans le fromage pour faire la queue. Bon appétit !

Notes

acte
2

Des idées pour l'été

Ouverture

Soleil et chaleur sont au rendez-vous, c'est le moment de sortir ! Voici le temps idéal pour profiter de la plage (courses diverses sur le sable, ramassage de coquillages pour en faire un mobile...) et des grands espaces pour faire des jeux avec les copains de vacances.
Mais la pluie étant aussi parfois au rendez-vous, voici des activités anti grise mine !

SCÈNE 1 : **Activités manuelles**

Une abeille pour cacher ses secrets

30 minutes | 7 à 10 ans + 1 adulte | Activité d'intérieur

Matériel : 1 boîte en plastique d'œuf Kinder®, des yeux mobiles, 1 feuille en plastique transparente (pochette, intercalaire...), 1 pistolet à colle (ou de la colle forte) : manipulation par un adulte, 1 marqueur noir

-----

- Découper deux petites ailes (deux ovales de 3 cm de longueur) dans la feuille transparente.
- Tenir la boîte couchée à l'horizontale. Tracer des bandes verticales tout autour de la boîte avec le marqueur noir.
- Coller les yeux sur un des côtés de la boîte (la tête de l'abeille).
- Coller les deux ailes sur le dessus de la boîte.
- Ouvrir la boîte pour y ranger ses secrets puis la refermer !

Variante : pour suspendre l'abeille, coller du fil de nylon à l'aide du pistolet à colle. Faire une boucle à l'extrémité du fil pour fixer l'abeille au plafond.

Les fossiles de feuilles et de coquillages

15 minutes + 24 h de séchage 7 à 12 ans
Activité d'intérieur

Matériel : 1 assiette en plastique ou 1 récipient, du plâtre, de l'eau, des feuilles d'arbres, des coquillages, des coquilles d'escargots, de l'huile de cuisson, 1 pinceau

-----

- Dans l'assiette en plastique, préparer une couche de 2 cm de plâtre selon les proportions indiquées sur le paquet.
- Pendant que le plâtre commence à durcir, badigeonner d'huile les coquillages et les coquilles à l'aide d'un pinceau.
- Sur le plâtre, déposer les feuilles à l'endroit, et les coquillages à l'envers.
- Laisser sécher 24 heures.
- Retirer le tout. Les feuilles et les coquillages auront laissé leurs empreintes dans le plâtre.

Variantes : peindre le plâtre avec de la gouache. Pour faire un presse-papier, il suffit de prendre un verre en plastique, le remplir de plâtre à 1/3 puis y déposer un seul coquillage. Une fois sec, retirer le coquillage du plâtre puis le plâtre du verre.

Fabriquer un bateau culbuto

30 minutes €€ 4 à 7 ans Activité d'intérieur

Matériel : de la peinture acrylique, 1 boîte à fromage en carton (type boîte de Vache qui rit®), 1 grosse bille ou un calot, du scotch, des ciseaux, de la colle, 1 morceau de carton de récupération, 1 pique à brochette, 1 feuille de couleur

-----

- Découper la boîte en deux. L'ouvrir et scotcher la bille dans le fond.
- Refermer la demi-boîte.
- Découper un morceau de carton aux dimensions de la base de la demi-boîte et le coller sur la base. Utiliser du scotch ou mettre de la colle sur les bords du morceau de carton.
- Couper le pique à brochette en bois à 10 cm de la pointe.
- Peindre la boîte et le pique. Laisser sécher.
- Planter le pique au centre de la base.
- Découper un triangle dans la feuille de couleur pour faire la voile du bateau.
- Coller la voile le long du pique.
- Poser le bateau culbuto sur une table ou un sol plat : il se balance tout seul !

Un drôle de requin !

30 minutes | 5 à 8 ans | Activité d'intérieur

Matériel : 1 feuille cartonnée de couleur, des feutres, 1 feuille blanche, de la colle, des ciseaux

-----

- Découper un carré de 20 cm de côté dans la feuille de couleur cartonnée. Plier le carré en deux dans la diagonale. Mettre la pliure en haut et les pointes vers le bas. Ce sera le requin avec un museau pointu. Arrondir à l'aide des ciseaux au niveau du « cou » du requin.
- Découper une fente dans la pliure au niveau de la queue et une autre au centre. Relever les pointes du bas en les pliant. Elles permettront au requin de tenir tout seul.
- Sur la feuille blanche, découper et colorier deux bouches. Ne pas oublier de faire des grandes dents ! Puis découper et colorier deux yeux.
- Coller les yeux et les bouches de chaque côté du requin.
- Dans le reste de la feuille cartonnée, découper un aileron (un triangle à la base arrondie) et une queue (une forme de V).
- Coller la queue dans la fente et l'aileron dans la fente centrale.
- Et voilà le requin !

Variante : varier la taille des carrés de départ pour faire des petits et des grands requins. Varier aussi les couleurs !

Des bulles de savon

20 minutes | €€€ | 5 à 12 ans | Activité d'intérieur

Matériel : 1 assiette creuse, 1 verre, du liquide vaisselle, 1 pince plate (pour tenir et tordre le fil), du fil de fer, de la glycérine (en pharmacie)

- À l'aide de la pince, former une boucle avec le fil de fer et replier le reste du fil sur lui-même pour faire un manche. On peut faire plusieurs tailles de boucle.
- Préparer dans l'assiette creuse le mélange suivant : un verre d'eau, un verre de glycérine, un tiers de verre de liquide vaisselle.
- Tremper ensuite la boucle dans le mélange et souffler pour obtenir des bulles.

Un jeu de pêche à la ligne

30 minutes | 2 joueurs | 7 à 10 ans | Activité d'intérieur

Matériel : du carton de récupération épais, 1 crayon, de la peinture et 1 pinceau, 12 trombones, des ciseaux, de la ficelle, 2 baguettes en bois, de la colle

-----

- Découper 6 poissons dans le carton. La forme et la taille des poissons peuvent varier.
- Peindre les baguettes et peindre les poissons des deux côtés (recto et verso). Ne pas oublier de dessiner les yeux. Laisser sécher.

Pour réaliser un poisson :

- Enduire la moitié d'un trombone de colle.
- Enfoncer le trombone dans l'épaisseur du carton au niveau de la tête du poisson. Plier le trombone à 90°. Laisser sécher.
- Faire de même pour tous les poissons.

Pour fabriquer une canne :

- Couper une longueur de 60 cm de ficelle par baguette. Accrocher la ficelle à l'extrémité d'une baguette en faisant un nœud. Consolider en mettant un peu de colle.
- Au bout de la ficelle, attacher un trombone un peu déplié pour faire un hameçon.

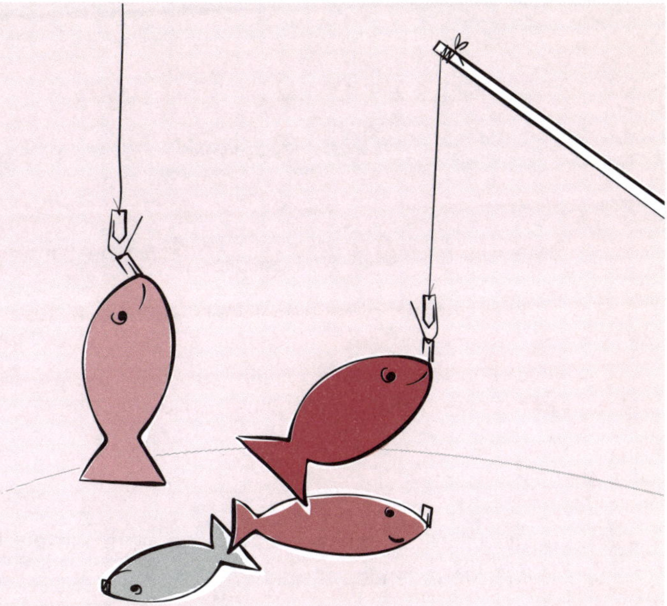

Déroulement du jeu :

- Placer les poissons sur le sol.
- Chaque joueur essaye d'attraper le plus de poissons avec sa canne à pêche !

Variantes : décorer les poissons en collant des écailles en papier de couleur, crépon ou de soie.

Faire plus de cannes à pêche et plus de poissons pour y jouer à plusieurs joueurs.

Remplacer les poissons par des petits cadeaux ou bonbons emballés et ficelés. Faire une boucle de ficelle pour y passer l'hameçon.

Faire un bâton de pluie

40 minutes €€ 8 à 12 ans Activité d'intérieur

Matériel : 1 rouleau en carton de papier absorbant, du gros scotch, 1 dizaine d'épingles, environ 1 cuillerée à soupe de riz, de lentilles, de sable, de petits cailloux et de coquillettes, du papier de couleur, 1 morceau de carton de récupération, des ciseaux, 1 crayon, de la colle

-----

- Reporter le gabarit de la base du rouleau sur le carton deux fois. Découper les deux cercles obtenus.
- Fermer le rouleau d'un côté en fixant un des cercles avec du scotch. Mettre plusieurs fois du scotch par-dessus le cercle pour consolider.
- Tracer une spirale tout le long du rouleau.
- Planter les épingles tout le long de cette ligne.
- Scotcher tout le rouleau pour bien fixer les épingles.
- Remplir le rouleau avec les lentilles, le riz, le sable, les coquillettes.
- Refermer le rouleau avec le deuxième cercle en carton et le scotch.
- Bien consolider les côtés du rouleau.
- Enduire le rouleau de colle et recouvrir avec des bandes de papier de couleur.
- Tenir le bâton dans une main et le renverser pour entendre la pluie tomber.

Ding dong ! Fabriquer une cloche

40 minutes €€ 6 à 12 ans Activité d'intérieur

Matériel : 1 petit pot de fleur en terre cuite,
de la peinture acrylique (ou gouache + vernis),
de la cordelette (40 cm),
3 perles (pouvant passer dans la cordelette)

- Peindre le pot et laisser sécher.
- Faire un gros nœud à 20 cm d'une extrémité de la cordelette.
- Enfiler sur la cordelette une perle jusqu'au nœud, puis le pot à l'envers. Le pot doit être bloqué par le nœud et la perle.
- Enfiler une seconde perle par le bas de la cordelette. Faire un nœud au niveau des bords du pot afin que la perle puisse venir les frapper.
- Enfiler la dernière perle par le bas de la cordelette et faire un nœud à l'extrémité.
- Tenir la cloche par la ficelle d'une main et la faire sonner en tenant le bout avec la perle de l'autre main.

Un étui à lunettes en mousse

30 minutes €€ 6 à 9 ans Activité d'intérieur

Matériel : du fil à scoubidou, 1 feuille de mousse, 1 perforatrice, des ciseaux, 1 pastille velcro autocollante

-----

- Découper un rectangle de mousse de 20 cm x 30 cm.
- Arrondir les angles sur un côté. Plier le rectangle en trois parties.
- À l'aide de la perforatrice, faire régulièrement des trous sur les deux côtés les plus longs du rectangle, sans perforer la partie où les angles ont été arrondis.
- Plier les deux parties perforées l'une sur l'autre et les coudre ensemble avec le fil à scoubidou (utiliser un point de surjet).
- Rabattre la troisième partie et y coller la pastille velcro pour que l'étui puisse fermer.

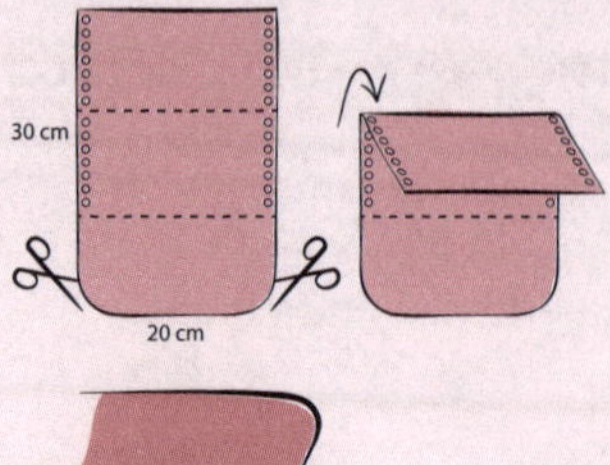

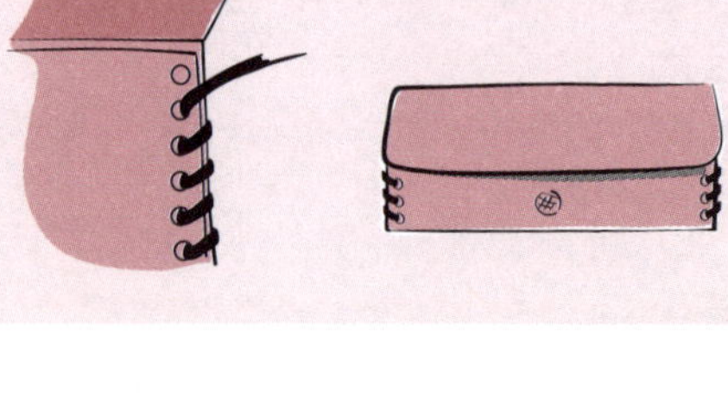

Drôle de guitare

40 minutes €€ 4 à 7 ans Activité d'intérieur

Matériel : de la peinture acrylique, 1 boîte à chaussures, 3 grands élastiques de bureau, des ciseaux, 2 demi-pinces à linge en bois, de la colle blanche

-----

- Découper un ovale de 10 cm x 4 cm au centre du couvercle de la boîte à chaussures.
- Refermer la boîte et scotcher le couvercle.
- Coller les demi-pinces à linge de part et d'autre du trou.
- Peindre le tout avec des couleurs vives. Laisser sécher.
- Tendre les élastiques autour de la boîte en les posant sur les creux de la demi-pince.
- La guitare est prête !

La pieuvre qui se cache

30 minutes €€ 8 à 12 ans

Activité d'intérieur

Matériel : 1 bouteille en plastique vide,
1 feuille en plastique (intercalaire, pochette, etc.),
des ciseaux, 4 trombones, 1 paille,
6 morceaux de laine de couleur (5 cm),
de la peinture acrylique marron et verte, de la colle forte

- Découper dans la feuille en plastique une tête de pieuvre assez grosse. Attention, elle doit pouvoir passer par le goulot de la bouteille.
- Coller les morceaux de laine au dos de la pieuvre.
- Plier la paille sur elle-même. Couper les deux parties à la même longueur.
- Faire tenir les deux parties avec un trombone.
- Coller la paille avec le trombone au dos de la pieuvre.
- Accrocher trois autres trombones au premier.
- Décorer l'extérieur de la bouteille en peignant des rochers et des algues jusqu'à un tiers de la bouteille.
- Remplir les trois-quarts de la bouteille avec de l'eau. Insérer la pieuvre et refermer la bouteille.

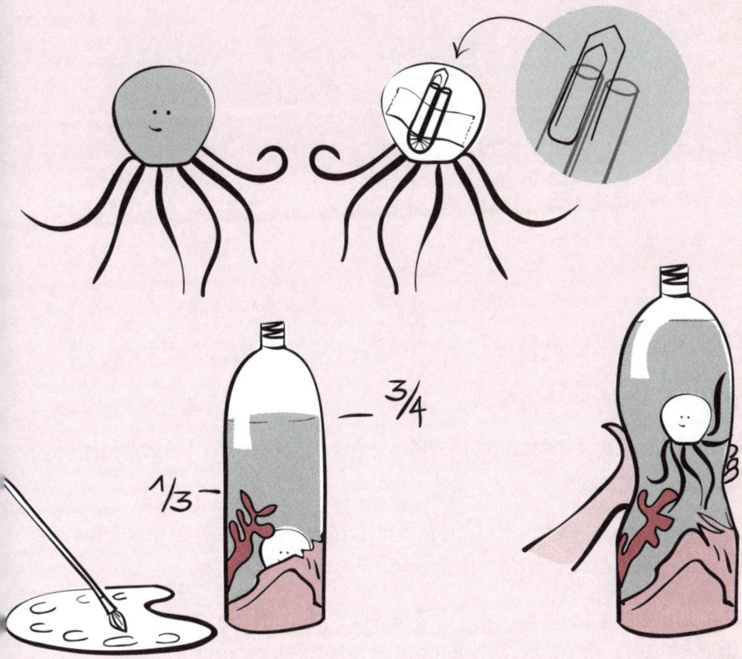

- Appuyer sur la bouteille, la pieuvre va se cacher dans les rochers. Relâcher la bouteille, la pieuvre remonte.
- Attention, ne pas garder l'eau plus de 5 jours dans la bouteille.

Un drôle de zèbre

30 minutes 5 à 8 ans Activité d'intérieur

Matériel : du fil de nylon, 5 perles (ou 1 paille coupée en 5 petits morceaux), 1 feuille de mousse blanche et 1 feuille de mousse noire, 1 feutre noir, le gabarit page 238, 1 aiguille

-----

- Dans la feuille de mousse blanche, reproduire le gabarit page 238.
- Découper les deux formes.
- Décorer au feutre noir la tête et le corps du zèbre. Ne pas oublier de dessiner sa queue.
- Découper, dans les feuilles de mousse noire et blanche, 6 cercles de 4 cm de diamètre environ (trois noirs et trois blancs).
- Percer un petit trou au centre des deux formes de mousse à l'aide d'une aiguille. Percer aussi le centre des disques de mousse.
- Enfiler le fil de nylon dans la forme représentant la tête du zèbre (en commençant par l'envers) puis repasser dans la forme. Ensuite enfiler une perle, un disque noir, une perle, un disque blanc, une perle et ainsi de suite jusqu'à enfiler l'arrière du zèbre.
- Serrer le tout et faire un nœud. Voilà le zèbre !

Variante : on peut faire la même chose avec d'autres animaux en changeant la couleur de la mousse.

Un feu d'artifice de couleurs à l'encre soufflée

20 minutes | 6 à 10 ans | Activité d'intérieur

Matériel : de l'encre, 1 feuille blanche cartonnée, 1 paille, 1 pinceau, 1 protection pour la table

-----

- Sur la feuille blanche, déposer une grosse goutte d'encre. Sans attendre souffler délicatement sur la goutte avec la paille pour la faire avancer sur la feuille.
- Déposer tout à tour des gouttes de différentes couleurs et les souffler à la paille à chaque fois.
- On peut diriger la trajectoire de la goutte en orientant la paille. Cette technique crée de très beaux tableaux !

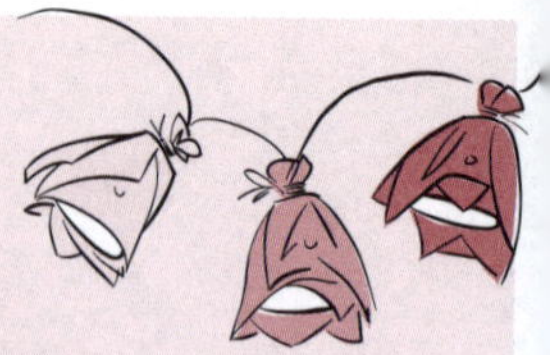

Guirlande des mille et une nuits

50 minutes | €€ | 9 à 12 ans | Activité d'intérieur

Matériel : 1 guirlande lumineuse, des verres en plastique transparents (autant de verres que d'ampoules sur la guirlande), du tissu en voile (type mousseline, voilage, organza), de la jolie ficelle dorée

-----

- Retourner les verres et faire un trou avec les ciseaux. Les trous doivent être plus petits que les supports d'ampoules de la guirlande.
- Insérer les ampoules de la guirlande dans les trous des verres.
- Dans le tissu, découper des carrés de 30 cm de côté. Emballer chaque verre avec un carré de tissu en ramenant les coins du tissu vers le haut. Fermer le tout avec un morceau de ficelle.
- Allumer la guirlande et admirer !

Des fleurs en papier de soie

30 minutes €€ 7 à 10 ans Activité d'intérieur

Matériel : du papier de soie, des ciseaux, du scotch, 1 paille, 1 boule de cotillon, de la colle

-----

- Découper 6 bandes de papier de soie de 6 cm x 50 cm.
- Les superposer les unes sur les autres et faire des franges tout le long des bandes.
- Enfoncer la boule de cotillon sur la paille et la coller.
- Scotcher la paille à l'extrémité des bandes de papier de soie puis enrouler les bandes autour de la paille avec la boule (le cœur de la fleur).
- Une fois les bandes complètement enroulées autour de la paille, scotcher.
- Ébouriffer les pétales pour obtenir une fleur pompon !

Des crayons hippocampes

30 minutes €€ 6 à 8 ans Activité d'intérieur

Matériel : 1 feuille cartonnée, 1 crayon, des ciseaux, de la colle blanche, de la peinture (gouache ou acrylique), 1 fil cure-pipe de couleur, du scotch, des feutres, des pinceaux

-----

- Plier en deux la feuille cartonnée.
- Dessiner un hippocampe sans sa queue, et découper le dessin en gardant la feuille pliée. Cela donne 2 hippocampes.
- Scotcher le fil cure-pipe au dos de l'un des hippocampes. Plier le fil afin qu'il suive la forme de l'hippocampe. C'est la queue de l'hippocampe.
- Étaler la colle blanche sur tout le corps de l'hippocampe (du côté où le cure-pipe a été scotché). Coller les hippocampes ensemble afin d'en obtenir un seul avec un recto et un verso.
- Bien appuyer sur les bords.
- Peindre l'hippocampe recto/verso.
- Une fois sec, rajouter au feutre un point pour les yeux. Puis enrouler la queue autour d'un crayon pour faire tenir l'hippocampe. Voici un joli décor !

Variante : faire la même technique d'autres formes : monstres, fleurs, animaux...

Le jaegi
(jeu coréen)

30 minutes | €€ | 7 à 12 ans | Activité d'intérieur

Matériel : 1 chaussette, des lentilles, de la colle à tissu, des ciseaux, de la feutrine de couleur

-----

Fabrication du jeu :

- Remplir la chaussette jusqu'au talon avec les lentilles. La fermer en faisant un nœud. Le côté plein est la tête d'un oiseau. Le côté vide est la queue.
- Dans la feutrine, découper un bec, deux yeux, deux plumes pour le corps et une pour la queue.
- Coller les éléments sur la chaussette. Laisser sécher.

Règles du jeu :

- Pour jouer au jaegi, il faut garder l'oiseau en l'air le plus longtemps possible en le frappant avec le pied. Il faut jongler avec le pied et garder l'équilibre !
- On peut jouer tout seul ou à plusieurs en se faisant des passes.

Une comète à lancer

30 minutes | €€€ | 8 à 12 ans | Activité d'intérieur

Matériel : des ciseaux, 1 verre de sable (ou des lentilles ou du riz), 2 ballons de baudruche, de la ficelle (2 m), du papier crépon ou du ruban, 1 carré de tissu (30 cm x 30 cm), 1 entonnoir

-----

- Plier le carré de tissu en 4 puis découper un arc de cercle face à l'angle formé par les pliures (a). Déplier pour obtenir un disque.
- Remplir un ballon de baudruche avec le sable (on peut utiliser un entonnoir) (b).
- Découper le deuxième ballon de baudruche au niveau de l'ouverture (c). Enfiler ce deuxième ballon par-dessus le premier en commençant par enfiler la partie ouverte du premier ballon (d). On obtient une boule.
- Placer la boule au centre du morceau de tissu. Relever les bords et fermer avec un peu de ficelle (e). Faire plusieurs tours et un nœud solide !
- Découper des bandes de papier crépon d'environ 50 cm de longueur et 2 cm de largeur. Si le papier crépon est déjà en rouleau, il suffit de découper une bande de 2 cm de largeur puis dérouler.
- Attacher solidement la ficelle et les bandes de crépon à la comète (f).
- Dans un espace bien dégagé, tenir la comète par la ficelle et la faire tourner rapidement avec son bras. La lâcher et la laisser s'envoler.

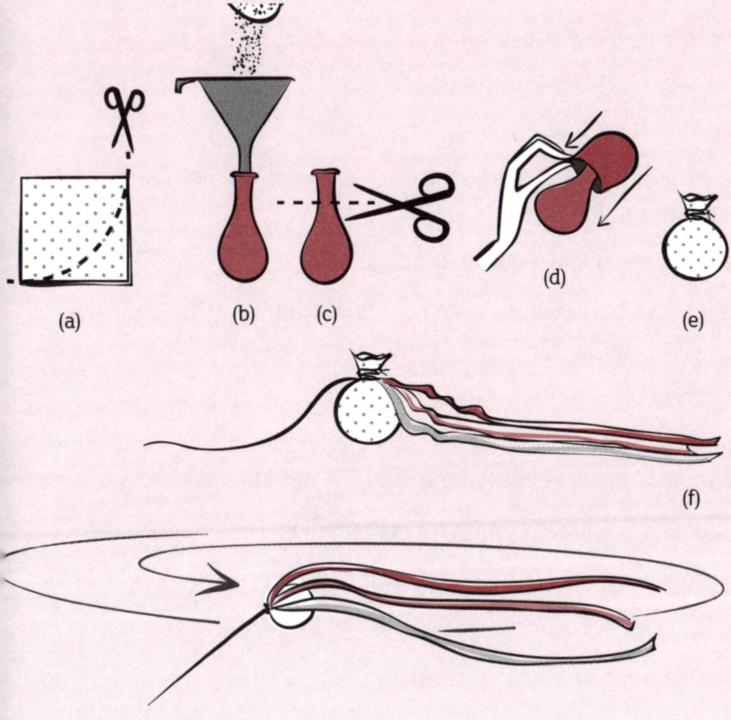
(a)
(b)
(c)
(d)
(e)
(f)

Un jeu d'anneaux

30 minutes €€ 4 à 12 ans

Activité d'intérieur ou d'extérieur

Matériel : 4 assiettes en papier, des ciseaux, de la peinture acrylique, 1 bouteille en plastique

-----

Fabrication du jeu :

- Découper le centre des assiettes. Ne garder que les contours qui représentent les anneaux.
- Peindre les anneaux des deux côtés.
- Peindre la bouteille et la remplir d'eau ou de sable pour qu'elle devienne stable.

Règles du jeu :

- Placer la bouteille sur le sol et démarquer une zone de lancer (plus ou moins loin de la bouteille selon l'âge des joueurs).
- Lancer les 4 anneaux en visant la bouteille.
- Le gagnant est celui qui glissera le plus d'anneaux autour de la bouteille.

Variante : on peut rajouter des points sur les anneaux et faire compter les scores de chaque joueur. Exercices de calcul mental assurés !

Faire varier le nombre de cibles (bouteilles), leur distance de tir et le nombre d'anneaux.

Attention, méduse !

20 minutes €€ 6 à 9 ans Activité d'intérieur

Matériel : 1 assiette en carton, de la peinture, toutes sortes de papiers : papier bulle, papier cadeau, papier de soie, ruban d'emballage cadeaux, tissu, etc., des yeux mobiles, de la colle blanche, des paillettes, des ciseaux créatifs, 1 feutre noir

-----

- Plier l'assiette en deux et la peindre des deux côtés. Laisser sécher, puis dessiner une bouche au feutre noir, rajouter des paillettes et coller les yeux.
- Découper des bandelettes (30 cm environ) dans les différents papiers ou tissus à l'aide des ciseaux créatifs.
- Les scotcher à l'intérieur de l'assiette pliée de manière à ce que les bandelettes pendent.
- Étaler la colle blanche à l'intérieur de l'assiette et refermer en appuyant fort (on peut aussi agrafer).
- Voilà une jolie méduse inoffensive ! On peut la suspendre en accrochant une ficelle au dos de la méduse ou au niveau de la tête.

Un jeu de morpions très nature

10 minutes 2 joueurs 7 à 10 ans Idéal à la plage

Matériel : 5 coquillages de même taille,
5 petits galets de même taille,
1 bâton

- À l'aide du bâton, tracer un quadrillage de 3 x 3 cases sur le sable. Les cases doivent être assez grandes pour y mettre un coquillage ou un galet.
- Chaque joueur choisit ses pions : les coquillages ou les galets.
- Chaque joueur pose tour à tout un pion dans une case.
- Le premier joueur qui aligne trois pions (horizontalement, verticalement ou dans la diagonale) a gagné !

Variantes : peindre les coquillages et les galets avec de la peinture acrylique.

Faire un plateau de jeu en peignant le quadrillage sur un carré de carton de récupération.

Un mobile d'été

40 minutes | €€ | 8 à 12 ans | Activité d'intérieur

Matériel : des ciseaux, du raphia (ou de la ficelle), des coquillages, du bois, des os de seiche, des jolis galets (9 éléments au moins), 1 morceau de bois de 30 cm environ

-----

- Entourer tous les éléments avec le raphia un par un et laisser environ 10 cm de raphia libre.
- Préparer trois morceaux de ficelle de 50 cm de longueur. Faire trois nœuds le long de chaque morceau.
- Accrocher les trois morceaux de raphia sur le morceau de bois tous les 10 cm.
- Nouer le raphia des éléments emballés sur les nœuds des morceaux de ficelle.
- Préparer 50 cm de raphia et l'accrocher à chaque extrémité du morceau de bois pour suspendre le mobile.

La course en sacs

5 min 2 joueurs minimum + 1 meneur 5 à 9 ans

Activité extérieure

Matériel : un grand sac à gravats par joueur (vendus dans les magasins de bricolage). On peut utiliser les sacs pour déchets verts ou des sacs poubelle, mais ils sont moins résistants.

- Délimiter un espace de jeu avec un départ et une arrivée (foulard, seau, bouteille, etc.). La distance à parcourir peut varier selon l'âge des joueurs.
- Les joueurs se placent sur la ligne du départ. Ils se glissent debout dans leur sac en en tenant les rebords.
- Au signal de départ donné par le meneur, les jours se déplacent en sautant et en restant dans leur sac.
- Le premier à franchir la ligne d'arrivée a gagné !

Variante : ajouter des obstacles à contourner. Réaliser la course sous forme de relais avec deux équipes.

Fabriquer un moulin à vent

30 minutes | €€ | 7 à 10 ans | Activité d'intérieur

Matériel : 1 feuille de papier de couleur ou de récupération, 1 règle et 1 crayon, des ciseaux, 1 épingle, 2 perles, 1 pique à brochette, 1 bouchon de liège

-----

- Enfiler 1 perle sur l'épingle.
- Planter le bouchon sur le pique à brochette.
- Dans la feuille, découper un carré de 15 cm de côté. Tracer les diagonales. Mettre un repère sur chaque diagonale à 4 cm du centre.
- Découper les diagonales en partant du sommet jusqu'au repère. Les sommets sont donc divisés en deux. Replier la même partie de chaque sommet vers le centre. Voici votre moulin.
- Piquer dans le centre l'épingle avec la perle pour faire tenir le tout. Enfiler une autre perle sur l'épingle au dos du moulin.
- Planter le tout dans le bouchon de liège.
- Souffler sur le moulin ou le mettre dehors. Il tourne !

Variante : peindre le bouchon et le pique à brochette pour un rendu plus joli.

L'ombre du jazzman

30 minutes €€ 2 personnes 7 à 12 ans

Activité d'intérieur

Matériel : de la peinture noire, 1 projecteur, 1 gros pinceau, 1 crayon, 1 rouleau de papier kraft, du scotch, des ciseaux, du carton de récupération, des feuilles de couleur, de la colle

- Dérouler le rouleau de papier kraft et le scotcher sur un mur.
- Dans le carton de récupération, dessiner et découper des silhouettes d'instruments comme une trompette, une clarinette, une guitare (voir gabarits page 239). Sauter cette étape si on a des vrais instruments ou des instruments en jouets.
- Placer le projecteur face à la feuille de papier kraft.
- Se placer de profil entre le projecteur et la feuille de papier kraft avec un instrument dans les mains.
- La silhouette doit apparaître entièrement (ou au moins le haut du corps) sur la grande feuille de papier kraft au mur.
- Une autre personne trace au crayon la silhouette sur la feuille de papier kraft. Une fois le contour fait, décrocher la feuille de papier kraft et la poser à plat.
- Peindre la silhouette à la peinture noire. Dans les feuilles de couleur, dessiner et découper des notes de musique.
- Coller les notes de musique sur la feuille de papier kraft au niveau des instruments.

Le parachute

30 minutes | 9 à 12 ans | Activité d'intérieur

Matériel : 1 sac poubelle peu épais, des ciseaux, 1 règle, 1 stylo, du fil de couture, 1 petite boule de pâte à modeler (1 cm de diamètre), du scotch

-----

- Découper un carré de 25 cm de côté dans le sac poubelle.
- Découper quatre morceaux de fil de couture de 15 cm chacun.
- Scotcher à chaque coin du carré un morceau de fil. Le fil doit être vers l'extérieur.
- Attraper tous les fils.
- Les fixer tous ensemble à leur extrémité avec un bout de pâte à modeler.
- Lancer le parachute et regarder le retomber doucement. S'il descend trop vite, c'est qu'il est trop lourd, retirer un peu de pâte à modeler.

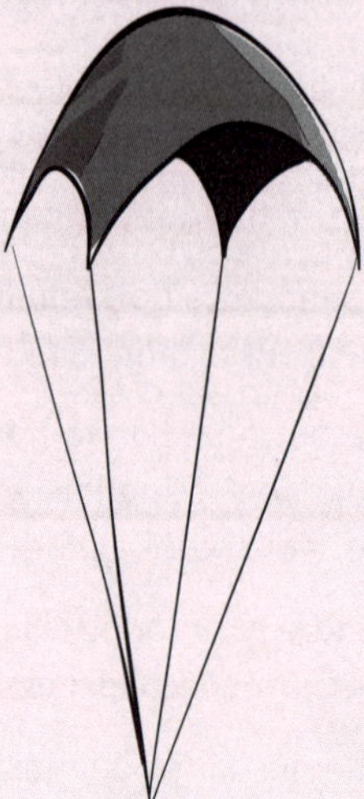

Pam poum ! Fabriquer un tambourin

40 minutes €€ 7 à 12 ans Activité d'intérieur

Matériel : de la peinture acrylique, 1 crayon, 2 perles, 1 boîte à fromage en carton, 20 cm de ficelle (cordelette, laine, etc.), du scotch

-----

- Couper la ficelle en deux morceaux de 10 cm chacun.
- Pour chaque morceau de ficelle, faire un nœud à une extrémité puis enfiler une perle jusqu'à l'autre extrémité.
- Faire un nœud de chaque côté de la perle pour la bloquer.
- Ouvrir la boîte en carton et découper un petit trou au milieu de la tranche pour y insérer le crayon.
- Avant de refermer la boîte, insérer de chaque côté de la boîte l'extrémité des morceaux de ficelle avec un nœud. Il faut obtenir un ensemble symétrique avec le crayon tenant la boîte et les morceaux de ficelle qui pendent de part et d'autre de la boîte.
- Scotcher le tout solidement.
- Peindre avec des couleurs vives, même le crayon. Laisser sécher.
- Faire rouler le crayon entre ses mains dans un sens puis l'autre. Les perles vont frapper la boîte et donner un rythme !

Une pieuvre en plastique

20 minutes | €€ | 6 à 9 ans | Activité d'intérieur

Matériel : 1 verre en plastique, 1 demi-boule en plastique (type boule des distributeurs de petits jouets, ou boule de lessive...), des ciseaux, 1 crayon, des yeux mobiles, 1 bouton ou 1 petit pompon, de la colle blanche

- Faire des entailles dans le verre à l'aide des ciseaux, en partant du bord de verre jusqu'au fond. On obtient des bandelettes retenues par le fond du verre. Ce sont les tentacules. Pour leur donner une forme, enrouler chaque bandelette sur un crayon et dérouler.
- Enfoncer la boule en plastique sur le fond du verre. C'est la tête de la pieuvre.
- Coller sur le verre les yeux et le bouton, ou le pompon, pour faire le nez.
- Et voilà une jolie pieuvre !

Un serpent à suspendre

20 minutes | 4 à 7 ans | Activité d'intérieur

Matériel : 1 assiette en carton, de la peinture, de la ficelle, des ciseaux, 1 crayon

-----

- Peindre l'assiette en vert des deux côtés.
- Dessiner une spirale au crayon sur toute l'assiette puis découper.
- À la peinture, décorer le corps du serpent (rayures, points, etc.) sans oublier la tête du serpent (deux points pour les narines et dessiner deux gros yeux). Laisser sécher.
- Pour suspendre le serpent, accrocher un fil au niveau de sa tête.

Variante : faire la même technique avec des couleurs gaies et sans faire la tête de serpent, cela fera de jolies décorations.

Fabriquer des balles de jonglage

40 minutes €€ 8 à 12 ans

Activité d'intérieur

Matériel : des ciseaux, 3 verres de sable (ou des lentilles ou du riz), 6 ballons de baudruche, 1 entonnoir

-----

Pour fabriquer les balles :

- Remplir un ballon de baudruche avec le sable à l'aide d'un entonnoir.
- Découper le deuxième ballon de baudruche au niveau de l'ouverture. Enfiler ce deuxième ballon par-dessus le premier en commençant par enfiler la partie ouverte du premier ballon. On obtient une balle de jonglage.
- Faire de même pour les deux autres balles de jonglage.

Pour jongler :

- Pour jongler, commencer d'abord avec deux balles. Les deux balles dans une main, envoyer une balle et avant de la rattraper, envoyer la deuxième et ainsi de suite.
- Pour jongler à trois balles, mettre deux balles dans une main et la troisième dans l'autre main. Sur le même principe qu'avec deux balles, il faut envoyer une balle en l'air et avant qu'elle ne retombe en envoyer une autre. Les balles se croisent en l'air.

De jolies sirènes et leurs poissons brillants

30 minutes | 6 à 18 ans | Activité d'intérieur

Matériel : du papier adhésif transparent ou du gros scotch transparent, des paillettes de couleurs, de la colle blanche, des ciseaux, 1 feuille de couleur, de la peinture

-----

Pour faire une sirène :

- Découper une queue de sirène dans le gros scotch ou le papier transparent adhésif.
- Dans un récipient, verser des paillettes. Y tremper le scotch sur tout le dessin. Laisser une bande de 5 mm sans paillettes pour pouvoir la scotcher sur la feuille de couleur.
- Sur une feuille de couleur, scotcher ou appliquer la queue de la sirène pailletée ; les paillettes sont du côté de la feuille.
- Rajouter sur cette même feuille, à la peinture couleur chair, le buste, les bras et le visage. Peindre la chevelure de la couleur de votre choix.
- Une fois le corps et le visage secs, faire deux points pour les yeux, à l'aide d'un feutre noir ou bleu. Rajouter un point au feutre rouge pour la bouche.
- Mettre un peu de colle au niveau du buste et saupoudrer de paillettes. Cela fera le bikini de la sirène.

Pour faire les poissons brillants, procéder de la même manière :

- Découper des poissons dans le gros scotch ou le papier transparent adhésif.
- Dans le récipient, verser des paillettes. Y tremper le scotch sur tout le dessin.
- Sur une feuille de couleur, coller les poissons avec la colle blanche ; les paillettes sont toujours du côté de la feuille.
- À l'aide de la peinture, rajouter des roches, du corail, etc. Créer ainsi votre tableau décoratif.

Faire un T-shirt indien

20 min + 1 h de trempage €€€ 9 à 12 ans + 1 adulte

Activité d'intérieur ou d'extérieur

Matériel : 1 T-shirt blanc, des élastiques de bureau, de la teinture pour tissu, des gants en plastique, 1 bassine, de l'eau, des ciseaux, 1 fer à repasser (manipulation uniquement par un adulte)

- Attraper le devant du T-shirt par le centre et attacher un élastique (en le serrant bien) tous les 5 cm le long du boudin obtenu.
- Dans la bassine, préparer la teinture pour tissu en suivant les instructions sur l'emballage. Mettre des gants de protection.
- Plonger entièrement le T-shirt dans la bassine.
- Retirer le T-shirt au bout d'1 heure et le rincer sous l'eau froide jusqu'à ce que l'eau qui s'écoule du T-shirt devienne claire.
- Couper les élastiques.
- Déplier et observer les cercles obtenus !
- Laisser sécher puis demander à un adulte de repasser le T-shirt pour fixer la teinture.

Variante : faire la même technique sur d'autres parties du T-shirt.

SCÈNE 2 : **Jeux**

La course de canards

10 minutes — 2 joueurs minimum — 5 à 8 ans

Idéal à la plage

- Délimiter un espace de jeu avec un départ et une arrivée (foulard, seau, bouteille, etc.). La distance à parcourir peut varier selon l'âge des joueurs.
- Placer les joueurs sur la ligne de départ en position de canard : une fois accroupis, les joueurs se tiennent les chevilles.
- Donner le départ. Les joueurs doivent atteindre la ligne d'arrivée en se dandinant comme un canard.
- Le premier arrivé a gagné !

Variantes : rajouter des obstacles sur le chemin, faire un slalom.

Fabriquer un jeu de bowling

30 minutes €€ 2 joueurs minimum 7 à 12 ans

Activité d'extérieur

Matériel : 1 balle (la taille fixe la difficulté : plus elle grosse, plus le jeu est facile), 6 à 10 bouteilles d'eau gazeuse vides (ou plus pour un plus grand jeu), de la peinture acrylique, 1 pinceau

-----

Pour fabriquer les quilles :

- Peindre les bouteilles avec des couleurs vives. Laisser sécher.
- Remplir les bouteilles au 1/10e avec de l'eau ou du sable.

Pour jouer :

- Placer les quilles en quinconce : une bouteille d'abord, puis derrière une rangée de 2, puis derrière une rangée de 3 et ainsi de suite...
- Les joueurs doivent lancer la balle à partir d'une zone de lancer déterminée.
- Celui qui fait tomber le plus de quilles a gagné !

Variante : complexifier le jeu en inscrivant des valeurs différentes de points sur les quilles. Chaque joueur calcule son total de points à chaque passage. Idéal pour faire du calcul mental !

Préparer une chasse au trésor

30 minutes — 6 à 12 ans + 1 adulte (pour la préparation)

Activité d'intérieur ou d'extérieur

Matériel : 1 stylo, des feuilles de papier ocre ou jaune pâle, 1 trésor (chocolat, cadeau, bonbons, etc.), 1 briquet (manipulation par un adulte), du café, 1 brosse à dents usagée, des ciseaux, 1 stylo noir, un peu de café liquide

-----

- Découper des morceaux de papier. Demander à un adulte de brûler les bords.
- Tremper la brosse à dents dans le café et faire des projections sur les feuilles. Laisser sécher. On obtient des sortes de parchemins.
- Cacher un trésor. Écrire le lieu de la cachette sur un parchemin et cacher ce papier.
- Écrire le lieu de cette cachette sur autre un parchemin et cacher ce dernier.
- Écrire le lieu de la cachette sur autre un parchemin. Et ainsi de suite.
- Le nombre d'étapes jusqu'au trésor peut varier.
- Varier les messages : « je me trouve… », « je suis caché sous… », « regarde derrière… », etc.

Variante : pour gagner du temps, on peut écrire sur des post-it !

La chasse aux lapins !

15 minutes 5 joueurs minimum 4 à 7 ans + 1 meneur de jeu

Activité d'intérieur ou d'extérieur

Matériel : 1 bande de papier crépon ou 1 foulard par lapin

- Délimiter un « tableau de chasse » (petit espace pour y mettre les joueurs éliminés).
- Un joueur est le chasseur.
- Les autres joueurs sont les lapins. Ils mettent un foulard dans leur dos en le glissant dans la ceinture de leur pantalon.
- Le chasseur doit attraper tous les foulards.
- Lorsqu'un lapin a perdu sa queue, il se met dans « le tableau de chasse ».
- Arrêter la chasse quand la partie s'essouffle. Compter le nombre de trophées (lapins éliminés) obtenus par le chasseur !
- Changer de chasseur et refaire une partie
- Le gagnant sera le chasseur qui aura récolté le plus de trophées.

Une cible pour champions de billes !

30 minutes | 2 joueurs minimum | 7 à 12 ans

Activité d'extérieur ou d'intérieur

Matériel : 1 boîte à chaussures (sans le couvercle), des ciseaux, de la peinture, des billes, 1 marqueur noir

-----

Fabriquer la cible :

- Faire trois encoches rondes de différentes tailles sur un même bord de la boîte : une petite, une moyenne et une grande encoche. Une bille doit pouvoir passer dans les encoches lorsque la boîte sera posée à l'envers au sol.
- Peindre la boîte de la couleur de son choix. Laisser sécher.
- Retourner la boîte. Au-dessus de chaque encoche, écrire un nombre de points au marqueur : 10 au-dessus de la plus petite, 5 au-dessus de la moyenne et 1 au-dessus de la plus grande.

Règles du jeu :

- Poser la boîte au sol et donner le même nombre de billes à chaque joueur.
- Les joueurs doivent lancer les billes à partir d'une zone de lancer déterminée.
- Celui qui marque le plus de points a gagné !

La course de crabes

10 minutes 2 joueurs minimum 7 à 11 ans

Idéal à la plage

- Délimiter un espace de jeu avec un départ et une arrivée (foulard, seau, bouteille, etc.). La distance à parcourir peut varier selon l'âge des joueurs.
- Placer les joueurs sur la ligne de départ en position de crabe : une fois accroupis, les joueurs se penchent en arrière, le ventre en l'air puis posent les mains au sol.
- Donner le départ. Les joueurs doivent atteindre la ligne d'arrivée en se déplaçant en crabe. Ne pas oublier que les crabes marchent de côté.
- Le premier arrivé a gagné !

Variantes : rajouter des obstacles sur le chemin, faire un slalom.

La course de tapis volants

5 minutes 2 joueurs minimum 6 à 10 ans

À la plage

Matériel : 1 serviette de plage

- Un joueur s'assoit sur la serviette et se cramponne.
- Établir une piste de course avec des virages et des bosses (vérifier que le sol soit propre : pas d'objet coupant, ni de caillou dans le sable).
- L'autre joueur doit le tirer en tenant la serviette par deux coins. Plus il ira vite, plus le joueur assis sur la serviette aura l'impression de décoller !

Variante : s'il y a plusieurs joueurs, faire des courses en délimitant un départ et une arrivée.

La course double

10 minutes 4 joueurs minimum 7 à 11 ans
Activité d'extérieur

- Délimiter un espace de jeu avec un départ et une arrivée (foulard, seau, bouteille, etc.). La distance à parcourir peut varier selon l'âge des joueurs.
- Placer les joueurs sur la ligne de départ deux par deux. Les deux joueurs de la même équipe se tiennent l'un par l'épaule et l'autre par la taille. Chaque joueur tient ensuite sa propre cheville avec sa main libre (sa jambe est pliée).
- Donner le départ. Les joueurs doivent atteindre la ligne d'arrivée en se déplaçant dans cette position et sans tomber !
- Le premier arrivé a gagné !

Variantes : rajouter des obstacles sur le chemin, faire un slalom...

Le jeu de la cible

15 minutes 2 joueurs minimum 8 à 12 ans

Activité d'extérieur

Matériel : 1 frisbee, 2 cordes, 2 poteaux (ou arbres)

Préparation du jeu :

- Tendre une corde d'un poteau à l'autre poteau à hauteur des joueurs.
- Tendre la deuxième corde au-dessous de la première. Laisser un espace plus ou moins grand entre les deux. Plus l'espace est réduit, plus le jeu est difficile.
- Se placer à quelques mètres de cette cible. Délimiter la zone de lancer. Il est important d'adapter les distances et la taille de la cible aux capacités des joueurs.

Règles du jeu :

- Les joueurs lancent tour à tour le frisbee. Il doit passer entre les deux cordes, sinon le joueur est éliminé.
- Le dernier joueur restant a gagné !

Le jeu de l'abeille et les bourdons

10 minutes 3 joueurs 6 à 10 ans Activité d'intérieur

Matériel : 1 chapeau

- Un joueur est l'abeille. C'est lui qui porte le chapeau sur la tête.
- Les autres joueurs sont les bourdons.
- Les trois joueurs se placent les uns à côté des autres (l'abeille est au centre) sur une même ligne. Les jambes sont écartées et les pieds touchent ceux du voisin. Les pieds doivent rester collés avec ceux du voisin.
- L'abeille joint les mains et doit essayer de toucher les bourdons sans se faire enlever son chapeau. Les bourdons doivent faire tomber le chapeau sans se faire toucher !
- L'abeille gagne si elle arrive à toucher les 2 bourdons.
- Les bourdons gagnent s'ils arrivent à retirer le chapeau de l'abeille.

Le jeu des allumettes (jeu de stratégie)

15 minutes 2 joueurs 9 à 12 ans Activité d'intérieur

Matériel : 17 allumettes (couper le petit bout rouge pour éviter le danger) ou prendre 17 petits objets similaires (pièces, jetons, bâtons de jeu en bois, etc.)

- Disposer les 17 allumettes sur la table.
- Chacun à leur tour les joueurs prélèvent une, deux ou trois allumettes à la fois.
- Le gagnant est celui qui enlève la dernière allumette.

La course de nénuphars

15 minutes | 2 joueurs minimum | 8 à 10 ans

Activité d'intérieur

Matériel : de quoi délimiter un espace de jeu (ficelle, foulard, seau, bouteille, etc.), 6 boîtes à chaussures (sans couvercle)

- Délimiter un espace de jeu avec un départ et une arrivée. La distance à parcourir peut varier selon l'âge des joueurs.
- Les joueurs se placent sur la ligne de départ avec 3 boîtes chacun.
- Pour se déplacer jusqu'à la ligne d'arrivée, les joueurs doivent disposer les boîtes au sol comme des feuilles de nénuphars et récupérer la 3e pour faire le nénuphar devant. Ils doivent mettre les pieds dans les boîtes. Ils n'ont pas le droit de poser le pied par terre.
- Le premier arrivé sur la ligne d'arrivée a gagné !
- S'il y a plus de 2 joueurs, on peut jouer sous forme de relais : il y a 2 équipes en file indienne. Une fois franchie la ligne d'arrivée, le joueur repart en courant avec ses boîtes dans la main et les passe à son coéquipier. Et ainsi de suite.
- La première équipe à avoir terminé le relais a gagné.

Variante : on peut simplifier le jeu en utilisant des feuilles ou du carton.

La course de relais des kangourous

10 minutes 6 joueurs minimum 6 à 10 ans

Activité d'extérieur

Matériel : 2 ballons de même taille d'environ 20 cm de diamètre

-----

- Délimiter un espace de jeu avec un départ et une arrivée (foulard, seau, bouteille, etc.). La distance à parcourir peut varier selon l'âge des joueurs.
- Faire deux équipes.
- Placer les équipes en file indienne sur la ligne de départ. Les joueurs en tête de file se tiennent prêts en serrant le ballon entre leurs jambes au niveau des genoux.
- Donner le départ. Les joueurs en tête de file doivent atteindre la ligne d'arrivée et revenir en sautant à pieds joints sans perdre le ballon. De retour à la ligne de départ, ils passent le ballon au joueur suivant de son équipe et ainsi de suite.
- La première équipe dont tous les joueurs sont passés a gagné !

Le jeu de poules, renards, vipères

15 minutes 6 joueurs minimum 8 à 12 ans
Activité d'extérieur

Matériel : de quoi délimiter les maisons de chaque équipe (cordes, plots, vêtements, etc.) et de quoi dissocier les joueurs de chaque équipe (foulards, chasubles, T-shirts, bandes de papier crépon accrochées au poignet, etc.)

À retenir : le renard mange la poule, la poule mange la vipère, la vipère mange le renard.

- Partager les joueurs en trois équipes : les poules, les renards, les vipères.
- Choisir une couleur par équipe et chaque joueur porte la couleur de son équipe (exemple : Si les renards sont orange, alors tous les joueurs de l'équipe des renards mettent un chasuble orange).
- Délimiter dans l'espace de jeu trois petits espaces (les maisons de chaque équipe) avec un rappel de la couleur.
- Placer chaque équipe dans leur maison.

- Au signal de départ :
  - les renards doivent attraper les poules sans se faire attraper par les vipères.
  - Les poules doivent attraper les vipères sans se faire attraper par les renards.
  - Les vipères doivent attraper les renards sans se faire attraper par les poules.
- Quand un joueur a attrapé sa proie, il l'emporte dans sa maison pour le faire prisonnier. Un joueur ne peut pas être attrapé s'il a un prisonnier avec lui.
- Les prisonniers font une chaîne en se tenant la main. Pour être délivré, un joueur de son équipe doit venir toucher la chaîne des prisonniers.
- L'équipe qui a réussi à attraper tous les joueurs de son équipe adverse a gagné !
- On peut aussi arrêter la partie au bout de 5 à 10 minutes et compter les prisonniers de chaque équipe. L'équipe qui a le plus de prisonniers a gagné !

Le jeu du fermier

15 minutes 5 joueurs minimum 6 à 8 ans

Activité d'intérieur ou d'extérieur

- Un joueur est le fermier et un autre joueur est l'acheteur.
- Le reste des joueurs forme un cercle assis par terre.
- L'acheteur est isolé. Chaque joueur se choisit un rôle d'animal : poule, cochon, vache, etc.
- Le fermier appelle l'acheteur.
- L'acheteur lui demande : « Fermier, je voudrais un ... (nom d'animal) »
- Le fermier répond par « oui » si un des joueurs a choisi l'animal demandé ou « non » dans le cas contraire.
- S'il dit « oui », le joueur ayant choisi cet animal doit courir le plus vite possible autour de la ferme (le cercle des joueurs) et retourner s'asseoir à sa place avant que l'acheteur ne l'attrape.
- S'il est attrapé, il est éliminé. Sinon, l'acheteur demande un autre animal et ainsi de suite.
- L'acheteur gagne s'il a attrapé tous les animaux !

SCÈNE 3 : **Recettes de cuisine**

L'île aux crocodiles à déguster

30 minutes | €€ | 4 à 7 ans | Activité d'intérieur

Matériel : 1 pique à brochette en bois, 1 feuille cartonnée verte, des rochers à la noix de coco, des bonbons crocodiles, des serviettes en papier bleu, des assiettes (une par île), des ciseaux

-----

- Poser les serviettes en papier sur les assiettes.
- Mettre un rocher au coco au centre et disposer des crocodiles un peu partout.
- Raccourcir le pique de la brochette avec les ciseaux.
- Dans la feuille verte, découper des feuilles de palmier (comme un ananas) et piquer la brochette deux fois dedans, voilà un palmier.
- Planter le palmier dans le rocher.
- Et voilà une île à déguster !

Des radis souris

20 minutes €€ 6 à 12 ans Activité d'intérieur

Matériel : 1 assiette, 1 couteau, 1 pique à brochette

Ingrédients : des radis

- Découper dans un radis deux rondelles assez fines. Ce sont les oreilles de la souris.
- Prendre un autre radis, ne pas découper la racine (elle représente la queue de la souris). Faire 2 fentes près de la queue du radis et y insérer les rondelles. Couper la queue du radis (la marque laissée représente le museau de la souris).
- Faire deux trous avec le pique pour marquer les yeux.
- La souris est prête à être dévorée !
- Bon appétit !

Un totem de bonbons

20 minutes €€ 7 à 10 ans Activité d'intérieur

Matériel : des piques à brochette, des bonbons, 1 feuille cartonnée, des feutres, du papier aluminium, 1 pamplemousse (ou 1 grosse boule de polystyrène), du scotch, de la colle blanche

-----

- Dessiner deux fois une tête de totem (voir gabarit page 240) puis découper.
- Colorier aux feutres.
- Placer et scotcher la partie non pointue du pique à brochette au dos d'une des têtes.
- Encoller les deux têtes dos à dos en enfermant le pique entre les 2.
- Enfiler les bonbons sur le pique.
- Réitérer l'opération pour faire d'autres totems.
- Couper le pamplemousse en deux et entourer un demi-pamplemousse de papier aluminium. Piquer les totems dans ce demi-pamplemousse.

Variante : faire la même technique avec un autre dessin sur la brochette.

Un super gâteau chien !

40 minutes | €€€ | 8 à 12 ans | Activité d'intérieur

Matériel : 1 couteau, 1 pique à brochette, 1 cuillère à café, 1 cuillère à soupe.

Ingrédients : 1 quatre-quarts, 1 rouleau de réglisse, 3 bonbons noirs, 1 ruban acidulé rouge, du sucre glace

-----

- Couper le quatre-quarts en 2 parties égales. Le premier morceau est la tête, le deuxième le corps.
- Couper deux tranches dans le premier morceau pour les oreilles.
- Sur le corps, couper le début d'une grosse tranche en s'arrêtant à la moitié du gâteau et la retirer. C'est l'emplacement pour la tête du chien.
- Dans la tête du chien, tailler une fente pour faire sa gueule.
- Poser la tête sur le corps au niveau de l'entaille. Enfoncer le long pique par la gueule jusque dans le corps pour faire tenir le tout.
- Préparer un glaçage qui servira de colle : une cuillerée à soupe de sucre glace mélangé à une demi-cuillerée à café d'eau.
- Coller les oreilles de chaque côté de la tête avec le glaçage. Coller les yeux (deux bonbons noirs), la langue (ruban acidulé) et le museau (un bonbon noir) de cette même manière.
- Bon appétit !

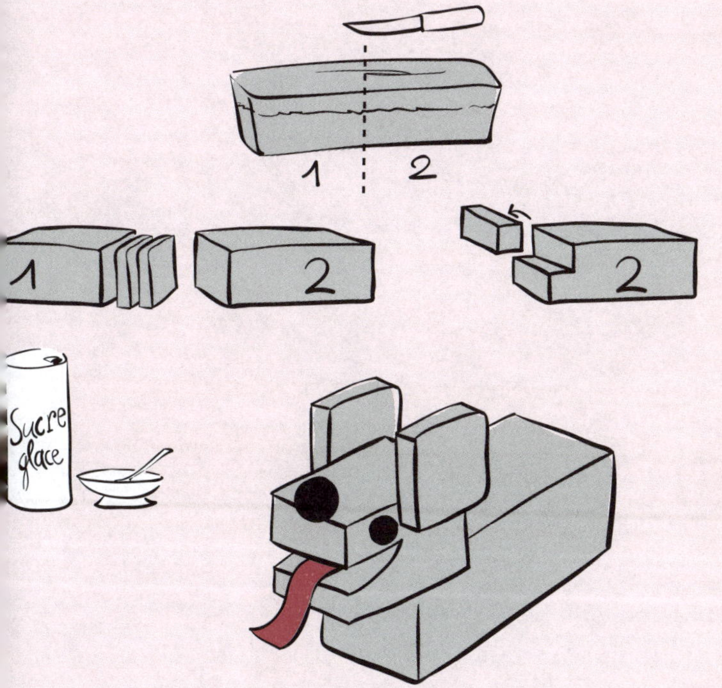

Variante : utiliser d'autres bonbons ou des petits gâteaux pour le nez, la queue, les yeux.

acte 3

Des idées pour l'automne

Ouverture

Belle saison aux feuilles colorées, à la rentrée des classes, à la fête d'halloween… l'automne va vous inspirer ! Et, en plus, le temps est encore propice pour jouer dehors !

SCÈNE 1 : **Activités manuelles**

Un décor de porte de chambre

20 minutes | 7 à 12 ans | Activité d'intérieur

Matériel : 1 feuille cartonnée, des ciseaux, 1 crayon, 1 règle, des feutres

-----

- Couper une bande de 20 cm x 10 cm dans la feuille cartonnée.
- Choisir un prénom. Prendre la bande horizontalement.
- Écrire le prénom en lettres capitales sur la bande sans appuyer trop fort avec le crayon. Espacer les lettres de 1 cm.
- Imaginer ensuite que chaque lettre est un objet, un animal, un élément naturel. Par exemple : le S est un serpent, le D est un arc, le V est un oiseau en vol, etc. Décorer les lettres ainsi avec le crayon à papier.
- Colorier au feutre.
- Le décor de porte est prêt, il ne reste plus qu'à le fixer sur la porte (avec de la pâte à fixer, une punaise, etc.).

L'araignée dans sa toile

30 minutes | 7 à 10 ans | Activité d'intérieur

Matériel : 1 feuille cartonnée noire, 1 feuille jaune, 1 feuille blanche, des ciseaux, de la colle, 1 feutre noir

-----

- Dans la feuille noire, découper un ovale de 6 cm de largeur (corps de l'araignée) et huit pattes de 4 cm de long environ.
- Coller les pattes sur le corps de l'araignée.
- Dans la feuille jaune, découper une bouche et deux petits ovales pour faire les yeux. Coller le tout sur l'araignée.
- Faire un point noir avec le feutre à l'intérieur de chaque œil.
- L'araignée est terminée !

Pour faire la toile :

- Plier la feuille blanche en quatre puis découper des fentes de chaque côté en tenant le carré par le coin où il y a toutes les pliures.
- Déplier la feuille : la toile est prête !
- Coller l'araignée sur la toile ou la suspendre par un fil ou une bande de papier très fine.

Variante : on peut peindre les yeux et la bouche de l'araignée avec de la peinture phosphorescente pour un effet effrayant dans le noir.

L'arbre de l'automne

40 minutes — 6 à 10 ans

Activité d'intérieur

Matériel : des feuilles de papier cartonnées (3 blanches et 3 marrons), des pastels à l'huile, 1 bouchon de stylo

-----

- Dans les feuilles de couleur marron, découper un tronc et des branches. Les assembler pour faire un arbre.
- Sur les feuilles blanches, dessiner des feuilles d'arbres de formes diverses.
- Colorier les feuilles avec les pastels en utilisant des couleurs automnales et claires (jaune, orange, ocre, marron clair, vert clair) et recouvrant bien le papier. Ne pas hésiter à appuyer fort sur le pastel.
- Avec des pastels de couleurs foncées (marron, vert, etc.), repasser sur la couleur claire. Il ne faut plus voir la couleur claire.
- À l'aide d'un bouchon de stylo (ou un cure-dent), dessiner des nervures sur les feuilles. La couleur claire va apparaître.
- Découper et coller ensuite les feuilles sur l'arbre.

Variante : utiliser cette technique du grattage pour d'autres dessins libres en utilisant toujours les couleurs claires en dessous et des couleurs foncées au-dessus.

Des jolis boutons champignons

30 minutes + 25 minutes de cuisson

8 à 12 ans + 1 adulte Activité d'intérieur

Matériel : de la pâte à modeler à cuire, 1 cure-dent, 1 couteau, 1 rouleau pour pâte à modeler, du papier aluminium, 1 four

-----

- Faire une boule de pâte à modeler à cuire blanche et une rouge. L'étaler à l'aide du rouleau. Découper un petit rectangle dans la pâte blanche. Découper un triangle dans la pâte rouge.
- Arrondir les angles en passant le doigt dessus. Souder le rectangle et le triangle en les pressant l'un contre l'autre afin d'obtenir le pied et le chapeau du champignon.
- Avec la pâte blanche, faire des toutes petites boules et les coller sur le chapeau du champignon.
- Faire 2 trous à l'aide du cure-dent au centre du champignon. Refaire l'opération pour autant de boutons souhaités.
- Poser les boutons sur une plaque de cuisson recouverte de papier aluminium et faire cuire 25 minutes à 130 °C (th.4/5). Lorsque les boutons ont refroidi, cousez-les sur un gilet ou sur un autre vêtement pour décorer.

Variante : faire des boutons de toutes les formes (un cœur, une étoile, une fleur, un poisson, etc.).

Une carte pop-up monstre

30 minutes €€ 7 à 12 ans Activité d'intérieur

Matériel : 1 feuille de couleur format A4, 1 feuille cartonnée de couleur format A4, des ciseaux, de la colle, des feutres

-----

- Plier la feuille en deux et faire une fente de 2 cm perpendiculairement à la pliure et au centre.
- À 1,5 cm de la fente, faire un point. Tracer la diagonale depuis ce point jusqu'à la fente. Plier les deux triangles obtenus dans un sens puis dans l'autre.
- Poser la feuille et l'ouvrir en mettant la pliure vers le haut. Pincer la pliure et enfoncer les triangles. Refermer la feuille. Les triangles doivent être vers l'intérieur.
- Ouvrir la feuille, les triangles forment une bouche qui s'ouvre et se ferme à l'ouverture de la feuille.
- Découper tout autour de la bouche une tête de monstre. Décorer avec des boutons, des cornes, etc.
- Plier la feuille cartonnée en deux. L'ouvrir.
- Coller la tête du monstre à l'intérieur de la feuille cartonnée. Il ne faut pas coller la bouche.
- Ouvrir et fermer la carte pour faire actionner la bouche !

L'avis de recherche de cow-boy

30 minutes + 1 h de trempage   8 à 12 ans + 1 adulte
Activité d'intérieur

Matériel : 1 photo numérique imprimée en noir et blanc sur une feuille, 4 sachets de thé, du papier de couleur, 1 feutre noir, de la colle, des ciseaux

-----

- Prendre la feuille sur laquelle la photo est imprimée au centre. Déchirer délicatement les bords de la feuille. Froisser et défroisser la feuille.
- Préparer la coloration de la feuille en versant de l'eau bouillante dans une tasse contenant 4 sachets de thé.
- Placer la feuille imprimée dans un grand récipient.
- Lorsque le thé est froid, retirer les sachets de thé puis verser le thé dans le récipient de manière à recouvrir la feuille.
- Laisser la feuille tremper pendant environ une heure puis la sortir de l'eau et la laisser sécher.
- Maintenant place à la décoration : au feutre, écrire « WANTED » (« recherché ») au-dessus de la photo. Vous pouvez rajouter le montant d'une récompense ou tout autre message.
- Rajouter au personnage sur la photo un chapeau, des moustaches, ou des accessoires que vous aurez découpés dans les feuilles de couleurs.

La chouette pantin

40 minutes · €€ · 7 à 11 ans · Activité d'intérieur

Matériel : 1 feuille cartonnée de couleur, 1 feutre noir, du scotch, 1 feuille blanche, 1 feuille orange, de la colle, 2 attaches parisiennes, 20 cm de ficelle, 1 aiguille, des ciseaux, les gabarits de la page 241

- Reproduire les gabarits de la page 241 sur la feuille cartonnée de couleur.
- Découper toutes les formes.
- Découper deux grands cercles sur la feuille blanche et les coller au niveau des yeux.
- Découper un bec (un triangle) dans la feuille orange et la coller sous les yeux.
- Percer les ailes et les yeux de la chouette à l'endroit marqué par une croix à l'aide de l'aiguille.
- Passer les attaches parisiennes dans le trou des yeux puis dans les ailes et replier les languettes.
- Plier le morceau de ficelle en deux. Au dos de la chouette, scotcher les extrémités de la ficelle en haut de chaque aile. Tirer la ficelle vers le haut : les ailes se lèvent.

Une embarcation en noix

(à faire aussi lors d'une promenade !)

30 minutes 7 à 12 ans

Activité d'intérieur ou d'extérieur

Matériel : 1 demi-coque de noix,
1 feuille de châtaignier (ou 1 feuille large et longue),
de la pâte à modeler ou de la cire fondue,
1 brindille (ou 1 allumette en ayant pris soin de retirer le bout rouge)

- Mettre au fond de la demi-coque de noix un peu de pâte à modeler ou de cire fondue.
- Planter une brindille (ou l'allumette.)
- Enfiler la feuille en passant deux fois la brindille (ou l'allumette) dedans.
- Poser l'embarcation sur l'eau.

Un fantôme à suspendre

20 minutes €€ 6 à 10 ans

Activité d'intérieur

Matériel : 1 mouchoir en papier, 1 boule de cotillon, du fil de nylon (20 cm), 1 aiguille, de la colle, 1 feuille noire

-----

- Plier le fil de nylon en deux et faire un nœud.
- Prendre le mouchoir par le centre et faire un petit trou avec l'aiguille pour y passer le fil de nylon.
- Mettre de la colle sur le haut de la boule de cotillon et la mettre sous le mouchoir au centre. Le fil de nylon est collé entre le mouchoir et la boule de cotillon.
- Dans la feuille noire, découper deux cercles pour les yeux et une bouche. Les coller sur le fantôme au niveau de la tête.
- Suspendre le fantôme.

Un feu d'artifice de lettres

20 minutes | 7 à 10 ans | Activité d'intérieur

Matériel : 1 feuille blanche carrée de 15 cm x 15 cm, des feutres de couleur, 1 crayon à papier

-----

- Faire un point au centre de la feuille au crayon à papier.
- Choisir un feutre et faire une rangée de lettres A en partant du point jusqu'au bord de la feuille. On peut aller en diagonale ou dans tous les sens.
- Changer de feutre et faire une rangée de lettres B en partant du point jusqu'au bord de la feuille.
- Et ainsi de suite avec toutes les lettres de l'alphabet. À la fin, on obtient une sorte de feu d'artifice de lettres !

Les feuilles d'automne

15 minutes 5 à 10 ans Activité d'intérieur

Matériel : des crayons de couleur, 1 feuille blanche, des feuilles d'arbres

-----

- Choisir une feuille d'arbre. Poser la feuille blanche par-dessus.
- Colorier la feuille blanche avec un crayon de couleur. Le tenir penché presque à l'horizontal.
- La feuille d'arbre apparaît en couleur !
- Encadrer les empreintes en collant la feuille blanche sur une feuille de couleur pour un joli rendu.

Variante : on peut faire plusieurs empreintes sur une même feuille, et varier les couleurs de crayon.

Un herbier en argile

40 minutes | €€€ | 6 à 12 ans | Activité d'intérieur

Matériel : 1 couteau, de l'argile, 1 pique en bois, des feuilles d'arbre, 1 rouleau à pâtisserie

-----

- À l'aide du rouleau à pâtisserie, étaler l'argile sur 1 cm d'épaisseur.
- Placer des feuilles d'arbres sur l'argile. Les nervures sont du côté de l'argile.
- Appuyer un peu avec le doigt partout sur les feuilles afin de faire son empreinte dans l'argile, puis les retirer.
- Avec le couteau, découper le contour des empreintes des feuilles.
- Laisser sécher le temps indiqué sur la notice fournie avec l'argile.
- Laisser naturel ou peindre les feuilles avec la peinture.

Le hérisson porte-stylo

90 minutes · 6 à 11 ans · Activité d'intérieur

Matériel : 1 saladier, 1 verre mesure, 1 crayon, des ciseaux, de la peinture acrylique, 1 pinceau + 1 four (utilisation par l'adulte uniquement)

Ingrédients : 2 verres de farine, 1 verre de sel, 1 demi-verre d'eau

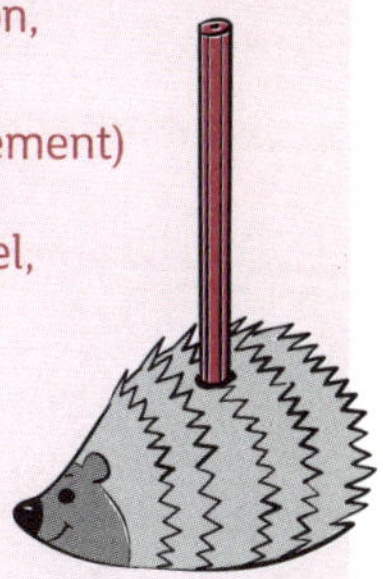

Fabrication de la pâte à sel :

- Mélanger dans le saladier la farine et le sel. Ajouter l'eau peu à peu et mélanger. Pétrir la pâte pour obtenir une boule ferme et souple.

Fabrication du hérisson :

- Faire une boule avec la pâte à sel. L'aplatir un peu et façonner un triangle sur un côté (le museau du hérisson).
- Avec les ciseaux, faire des rangées d'entailles sur la boule. Ce sont les piques du hérisson.
- Enfoncer le crayon au centre de la boule puis le retirer.
- À l'aide d'un adulte, allumer le four sur chaleur tournante à 100 °C (th. 3/4) puis faire cuire le hérisson une demi-heure à 100 °C puis à 120 °C (th. 4) jusqu'à ce qu'une croûte dure se forme partout. Le temps de cuisson dépend de la taille de l'objet. Laisser refroidir.
- Peindre le hérisson aux couleurs de votre choix. Ne pas oublier le museau et les yeux. Laisser sécher. Mettre son stylo préféré dans le hérisson pour l'avoir toujours sous la main sur le bureau !

Des pattes de monstre

30 minutes | 7 à 10 ans | Activité d'intérieur

Matériel : des grandes feuilles cartonnées, de la colle blanche, du papier de soie (couleur voulue pour les pattes), des ciseaux, du scotch, 1 crayon à papier

-----

- Sur la feuille cartonnée, poser la main et faire le contour au crayon à papier.
- Dessiner ensuite une main beaucoup plus large autour de la trace de sa main. Voilà la patte de monstre.
- Découper cette grande main. Ensuite, reproduire cette main sur l'autre feuille cartonnée en traçant ses contours. Découper.
- Assembler les deux mains en scotchant les bords.On obtient une sorte de gant à enfiler.
- Recouvrir les pattes en collant des morceaux de papier de soie avec la colle blanche. Cela va donner du relief.
- Rajouter des formes de couleurs, des ongles, etc.
- Refaire la même opération pour la main gauche.

Drôles de hibou x

20 minutes | 6 à 9 ans | Activité d'intérieur

Matériel : 1 feuille cartonnée jaune et 1 orange, des ciseaux, des yeux mobiles, de la colle blanche, 1 pomme de pin, du fil cure-pipe

-----

- Dans la feuille cartonnée jaune, découper deux cercles plus grands que les yeux mobiles. Découper aussi deux pattes. Pour les faire de la même taille, plier la feuille en deux et découper une patte en gardant la feuille pliée.
- Coller les yeux mobiles sur les cercles puis faire des entailles tout autour des yeux.
- Découper un bec dans la feuille cartonnée orange. Le plier légèrement pour lui donner du relief.
- Coller sur la pomme de pin les yeux, le bec et les pattes.
- Avec le fil cure-pipe, former 2 anneaux et les aplatir un peu. Ce sont les aigrettes du hibou. Les enfoncer ensuite sur la tête du hibou et les coller avec la colle blanche.
- Voilà, le petit hibou est prêt !

La tête de monstre, boule à bonbons (ou un Frankenstein à manger !)

30 minutes | 6 à 10 ans + 1 adulte | Activité d'intérieur

Matériel : 1 boule en plastique à garnir transparente, 16 cm de ruban noir, des bonbons verts, 1 marqueur noir, de la colle forte (manipulation par l'adulte), des yeux mobiles (ou un marqueur blanc)

- Ouvrir la boule et la remplir de bonbons verts.
- Refermer la boule.
- Passer le ruban dans le petit trou prévu à cet effet, puis faire un nœud avec les deux extrémités.
- Sur le haut de la boule, dessiner des cheveux au marqueur noir.
- Coller les yeux ou les dessiner au marqueur blanc puis faire un point noir au centre.
- Tracer une ligne pour la bouche et, sur une joue, dessiner une cicatrice (une ligne avec des petits traits perpendiculaires tout le long).
- La boule est prête !

Variante : faire d'autres têtes avec d'autres couleurs de bonbons (un fantôme en utilisant des bonbons blancs, par exemple).

Le lance-fusée

30 minutes · €€ · 9 à 12 ans · Activité d'intérieur

Matériel : 1 feuille cartonnée de couleur, des ciseaux, 1 règle, 1 crayon, 2 pailles (1 grosse et 1 fine), 1 petite bouteille en plastique avec son bouchon, un peu de pâte à modeler, des feutres, du scotch, 1 vrille (ou de quoi percer le bouchon)

- Tracer et découper un triangle dont la base mesure 10 cm et ses côtés 11 cm. Décorer la fusée (le triangle).
- Découper la grosse paille à 13 cm.
- La scotcher au dos de la fusée. Mettre une petite boule de pâte à modeler en haut de la paille. L'air ne doit pas passer.
- Percer le bouchon de la bouteille avec la vrille. Enfiler la petite paille dans le trou et mettre un peu de pâte à modeler autour du trou pour empêcher l'air de passer. C'est le lance-fusée.
- Installer la fusée sur le lance-fusée en enfilant la grosse paille sur la petite.
- Appuyer très fort sur la bouteille et la fusée s'envole.

Variante : lancer une compétition de la fusée qui vole le plus loin !

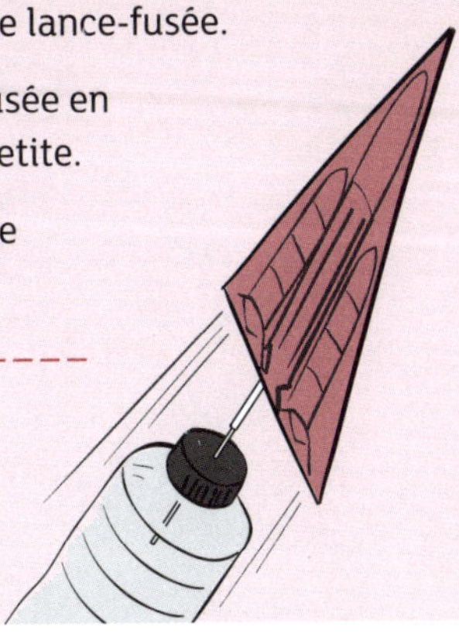

Un mobile à la manière de Calder

30 minutes €€ 10 à 12 ans + 1 adulte

Activité d'intérieur

Matériel : du fil de fer, une pince coupante, du fil de nylon, 1 photo de danseur, 1 lampe de poche

-----

- Faire le contour d'une silhouette de danseur avec le fil de fer (voir gabarit page 242). Il faut être minutieux.
- Aplatir au fur et à mesure pour obtenir une belle ligne.
- Rajouter et attacher des morceaux de fil de fer à l'intérieur de la silhouette pour faire les vêtements.
- Suspendre la sculpture avec le fil de nylon.
- Éclairer avec la lampe et observer les ombres portées de la sculpture !

Un tableau à la manière de Mondrian

30 minutes €€ 9 à 12 ans Activité d'intérieur

Matériel : 1 crayon, 1 gomme, 1 équerre et 1 règle, 1 feuille blanche, des feutres noir, rouge, jaune, bleu

-----

- Sur la feuille blanche, tracer des lignes perpendiculaires sur toute la feuille comme un quadrillage.
- Gommer des lignes afin d'obtenir un quadrillage irrégulier : des cases plus grandes que les autres, des cases plus hautes, plus larges, etc.
- Repasser toutes les lignes à la règle et au feutre noir (attention aux bavures).
- Colorier certaines cases d'un aplat de couleur rouge, jaune, noir ou bleu.
- Laisser des cases blanches. Votre tableau est prêt !

Le masque de citrouille

30 minutes | € | 5 à 8 ans | Activité d'intérieur

Matériel : des ciseaux, de la colle, du fil élastique, de la peinture et 1 pinceau, 1 feuille cartonnée verte, du fil cure-pipe vert et 1 assiette en carton

-----

- Découper deux trous dans l'assiette pour les yeux.
- Peindre l'assiette avec de la peinture orange. Une fois sèche, peindre une bouche à la peinture noire et un triangle noir sur les yeux.
- Dans la feuille cartonnée verte, découper une queue et une feuille pour la citrouille puis les coller sur le haut de l'assiette.
- Enrouler autour d'un crayon ou de votre doigt le fil cure-pipe et le coller au niveau de la queue.
- Faire deux petits trous sur le masque au niveau des oreilles afin d'y attacher le fil élastique.
- Passer le masque et voilà une belle tête de citrouille !

Variante : on peut aussi utiliser une feuille cartonnée orange et des feutres au lieu de l'assiette et de la peinture. C'est plus rapide et plus simple.

Des porte-clé[s]
pour Hallowee[n]

40 minutes €€€ 8 à 12 ans +1 adulte

Activité d'intérieur

Matériel : 1 four, des ciseaux, des feuilles de plastique dingue, 1 crayon à papier, des crayons de couleur, 1 perforatrice, des attaches pour porte-clés (autant que de porte-clés souhaités), les gabarits de la page 243

- Reproduire les gabarits de la page 243 ou dessiner soi-même un fantôme, une citrouille, une chauve-souris, etc. Attention, ils vont réduire sept fois donc il faut dessiner très grand.
- Colorier au crayon de couleur (ni feutre, ni peinture !). Le coloriage doit être bien fait.
- Découper les formes et faire un trou à la perforatrice en haut de chaque forme (pour y mettre le porte-clés par la suite).
- Déposer les formes sur une feuille de papier aluminium et les passer au four en suivant la notice fournie avec le plastique dingue.
- Une fois sortis du four, mettre les formes sous une pile de livres afin de bien les aplatir.
- Ajouter l'attache du porte-clés et le tour est joué !

Variante : à la place des porte-clés, on peut faire des pendentifs en passant un ruban ou une ficelle tel un collier.

Les monstres imaginaires

20 minutes | €€ | 8 à 12 ans | Activité d'intérieur

Matériel : 1 feuille cartonnée blanche, de l'encre noire, 1 pinceau, 1 feutre noir

-----

- À l'aide du pinceau, étaler de l'eau sur toute la feuille pour qu'elle devienne humide.
- Tremper le pinceau dans l'encre puis laisser tomber des gouttes d'encre un peu partout sur la feuille et de manière aléatoire.
- Laisser sécher.
- Avec un feutre noir, rajouter des yeux, des pattes, des cornes, etc. sur les taches qui font penser à des monstres.

Des peintures rupestres

20 minutes | 6 à 8 ans | Activité d'intérieur

Matériel : 1 feuille blanche ou 1 rouleau de papier kraft, des pastels

-----

- Froisser la feuille : faire une boule puis la déplier sans trop l'aplatir.
- Frotter les pastels (marron, gris, ocre) sur la feuille blanche, afin de la recouvrir entièrement.
- Avec un pastel de couleur noir ou marron, faire des dessins simplifiés d'animaux ou d'hommes comme les hommes préhistoriques.

Variante : en scotchant plusieurs feuilles ensemble, on peut faire une paroi de grotte !

La girouette crocodile

40 minutes | €€ | 6 à 10 ans | Activité d'intérieur

Matériel : le gabarit de la page 244, 1 feuille cartonnée verte, 1 paille, 1 feutre noir, de la colle, 1 feuille blanche, du ruban adhésif d'électricien (scotch noir solide), 1 tuteur, des ciseaux

-----

- Reproduire et découper un crocodile (voir gabarit page 244) dans la feuille cartonnée verte.
- Repasser au feutre noir la bouche et les narines des deux côtés (recto et verso).
- Découper dans la feuille blanche deux séries de petits triangles (les dents du crocodile) et deux cercles (pour les yeux). Faire un point noir au centre des cercles.
- Coller les dents le long de la bouche et coller les yeux des deux côtés (recto et verso).
- Couper un morceau de paille de 2,5 cm.
- Scotcher la paille au dos du crocodile, puis l'insérer sur le tuteur.
- Faire plusieurs tours de scotch au-dessous et au-dessus de la paille (sans la coller). Mettre le tuteur au vent et observer le crocodile tourner !

Variante : pour plus de résistance, plastifier le crocodile avant de scotcher la paille. On peut aussi mettre plusieurs animaux sur un même tuteur.

Portrait rigolo !

20 minutes 6 à 10 ans Activité d'intérieur

Matériel : 1 feuille de papier, des ciseaux, de la colle, des magazines (avec des visages)

- Découper un portrait assez grand dans un magazine puis le coller sur la feuille de papier.
- Découper ensuite des yeux, des sourcils, un nez, des oreilles et une bouche sur d'autres pages du magazine. Les coller sur le portrait.
- Vous pouvez rajouter aussi des cheveux, des moustaches, des accessoires.
- Et voilà un portrait rigolo !

La princesse des fleurs

20 minutes €€ 6 à 10 ans Activité d'intérieur

Matériel : 1 fleur séchée, de la colle, 1 feutre noir fin, des crayons de couleur, 1 feuille blanche, des paillettes

-----

- Coller la fleur au centre de la feuille tête en bas. C'est la robe de la princesse.
- Au feutre noir, dessiner le haut du corps (épaules et tête) au-dessus de la fleur, puis les jambes avec les chaussures au-dessous de la fleur.
- Colorier le tout aux crayons de couleurs.
- Mettre un peu de colle sur la fleur et les chaussures de la princesse, puis saupoudrer de paillettes.

Prénom en découpage

20 minutes | 8 à 12 ans | Activité d'intérieur

Matériel : des ciseaux, des vieux magazines, de la colle, 1 feuille blanche, 1 feuille cartonnée de couleur

-----

- Chercher et découper dans les vieux magazines les lettres du prénom choisi.
- Coller les lettres sur la feuille blanche.
- Découper le prénom ainsi écrit et le coller sur la feuille cartonnée de couleur.
- On peut découper la feuille cartonnée de couleur avec des ciseaux à motifs, ou la décorer aux feutres, etc.

Variante : cette technique peut servir de marque-place. Il faut alors plier la feuille cartonnée en deux pour la faire tenir.

Jouer et fabriquer un jeu de fléchettes

50 minutes €€ 8 à 12 ans Activité d'intérieur

Matériel : des ciseaux, 1 règle, des feuilles cartonnées de couleur, de la colle, 1 feutre noir, 1 crayon à papier, des bouchons de liège, des pastilles velcro, de la feutrine, 1 morceau de carton assez épais et 1 compas

Pour fabriquer les fléchettes :

- Dans la feuille de couleur, découper deux trapèzes aux dimensions suivantes : hauteur 7 cm, largeur 2 cm et 5 cm pour la base.
- Découper des fentes sur 3 cm au niveau du petit côté du trapèze puis encastrer des 2 trapèzes. Ils représentent les ailes de la fléchette.
- Dans le bouchon, faire 2 entailles au couteau, y mettre de la colle et y enfoncer les ailes.
- Coller une pastille de velcro sur le bout du bouchon. Voilà une fléchette de prête !
- Refaire le même processus pour faire d'autres fléchettes. Varier les couleurs pour distinguer les joueurs.

Pour fabriquer la cible :

- Dans le carton, découper un cercle de 30 cm de diamètre.
- Dans la feutrine, découper un cercle de 30 cm de diamètre.
- Coller le disque de feutrine sur le disque de carton.
- À l'aide du feutre noir et du compas, tracer sur la feutrine 3 cercles de 5 cm, 14 cm et 22 cm de diamètre.
- Inscrire dans les cercles en commençant par le plus petit les points : 10, 5, 2,1.
- Le jeu est prêt !

Règles du jeu :

- Les joueurs lancent tour à tour leurs fléchettes. Celui qui a totalisé le plus grand nombre de points a gagné.

Des tampons en gomme

30 minutes 7 à 10 ans + 1 adulte

Activité d'intérieur

Matériel : peinture (gouache ou acrylique), 1 gomme, 1 support (feuille), 1 assiette en plastique ou 1 récipient pour la peinture, 1 cutter (utilisation par l'adulte)

- Découper avec le cutter (utilisation par l'adulte) dans la gomme une forme de votre choix (motif imaginaire).
- Verser de la peinture dans l'assiette.
- Tremper la gomme.
- Imprimer le motif sur le support en appuyant sur la gomme. Vous pouvez ainsi décorer du papier à lettres, un cahier, des cartes, une nappe en papier pour une fête, etc.

Un téléphone à fil (un retour vers le passé !)

30 minutes | €€ | 7 à 12 ans | Activité d'intérieur

Matériel : 2 pots de yaourt (vides et propres), 2 m de ficelle, 1 aiguille (ou de quoi faire un petit trou), du papier de couleur, des ciseaux, de la colle

-----

- Découper des bandes de papier aux dimensions des pots de yaourt, puis les coller autour des pots de yaourt.
- Percer le fond des pots à l'aide de l'aiguille.
- Passer une extrémité de la ficelle dans le pot de yaourt en commençant par le fond du pot. Faire un nœud à l'extrémité de la ficelle à l'intérieur du pot. Puis faire de même avec l'autre extrémité et l'autre pot.
- Un enfant tient le pot de yaourt devant sa bouche et parle. L'autre enfant tient le pot de yaourt à son oreille.
- Attention, la ficelle doit être bien tendue !

Fabriquer un bilboquet

30 minutes €€ 8 à 12 ans Activité d'intérieur

Matériel : 2 pots de yaourt (vides et propres !), 1 balle de ping-pong, du scotch papier, de la ficelle ou cordelette de 50 cm, des ciseaux, de la peinture acrylique, 1 aiguille

-----

- Peindre les deux pots avec de belles couleurs. Laisser sécher.
- Coller les pots ensemble, fond contre fond. Faire plusieurs tours avec le scotch pour solidifier au niveau de la jointure.
- Attacher la ficelle autour de la balle comme un papier cadeau et recouvrir la balle et le nœud de la ficelle avec le scotch.
- Peindre la balle et peindre le scotch du bilboquet.
- Faire un trou au fond des pots à l'aide de l'aiguille. Passer la ficelle et faire un nœud. Il doit bloquer le passage de la ficelle.
- Pour jouer au bilboquet, il faut le tenir dans ses mains, lancer la balle et essayer de la rattraper dans le pot !

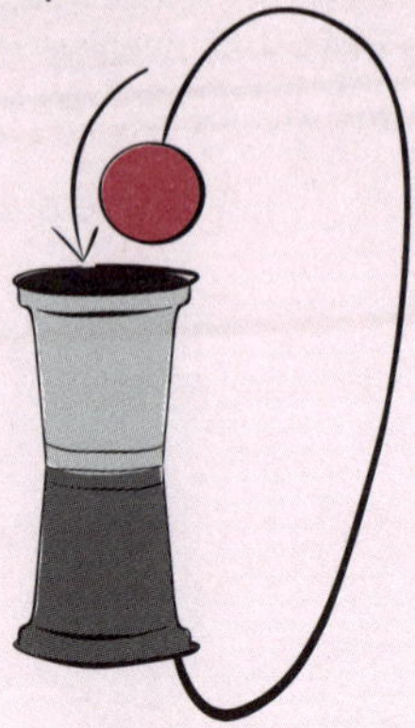

SCÈNE 2 : **Jeux**

Le jeu du tueur

15 minutes 5 joueurs minimum 8 à 12 ans

Activité d'intérieur ou d'extérieur

- Un joueur est l'inspecteur. Il s'isole.
- Le reste des joueurs forme un cercle assis par terre.
- Un joueur est désigné tueur parmi les joueurs du cercle.
- L'inspecteur revient. Le tueur élimine les autres joueurs en clignant des yeux, sans se faire remarquer de l'inspecteur qui doit le démasquer.
- Lorsqu'un joueur est tué, il s'allonge au sol.
- L'inspecteur désigne alors le joueur qu'il pense être le tueur. S'il se trompe, la partie recommence. Changer le tueur et l'inspecteur.
- L'inspecteur dispose de trois essais à partir de 10 joueurs.

La course de ouistitis

10 minutes 2 joueurs minimum 7 à 11 ans
Activité d'extérieur

- Délimiter un espace de jeu avec un départ et une arrivée (foulard, seau, bouteille, etc.). La distance à parcourir peut varier selon l'âge des joueurs.
- Placer les joueurs sur la ligne de départ en position de ouistitis, c'est-à-dire pliés en deux en posant les mains au sol.
- Donner le départ. Les joueurs doivent atteindre la ligne d'arrivée en se déplaçant en ouistitis.
- Le premier arrivé a gagné !

Variante : on peut rajouter des obstacles ou un slalom.

Le jeu de chameaux-chamois

15 minutes 5 joueurs minimum 8 à 12 ans

Activité d'extérieur

Matériel : de quoi délimiter des lignes de terrain de jeu (cordes, plots, vêtements, etc.)

- Un joueur est le meneur. Partager le reste des joueurs en deux équipes : les chameaux et les chamois.
- Délimiter un terrain de jeu : un grand rectangle avec une ligne centrale.
- Placer les chameaux en ligne sur la ligne centrale.
- Placer les chamois en ligne dos à dos avec les chameaux.
- Le meneur raconte une histoire.
- Quand il dit « chameau » : les chameaux attrapent les chamois.
- Quand il dit « chamois » : les chamois attrapent les chameaux.
- Les chameaux ou chamois doivent attraper leurs proies avant qu'elles ne passent la ligne du terrain.
- Un chameau ou chamois attrapé dans le terrain est éliminé.
- Replacer les joueurs sur la ligne. Le meneur reprend son histoire. Et ainsi de suite. L'équipe qui a éliminé le plus de proies a gagné.

Le jeu de la loi du plus fort

15 minutes 2 joueurs minimum + 1 meneur 8 à 12 ans
Activité d'intérieur

À retenir : le chasseur est plus fort que le fusil. Le fusil est plus fort que le loup. Le loup est plus fort que le chasseur...

- Un joueur est le meneur. Les autres sont assis en cercle. Le meneur se tient au centre du cercle.

- Le meneur réalise une des trois figures devant un joueur qui doit lui répondre par une figure plus forte.

Les trois figures sont :
- Le chasseur : assis en tailleur, la main gauche sur le genou droit et la main droite sur le genou gauche.
- Le fusil : assis en tailleur, le bras doit tendu en avant, la main gauche touche le coude droit.
- Le loup : assis en tailleur, les mains (doigts écartés) de chaque côté de la tête au niveau des oreilles.

- Si le joueur se trompe, il est éliminé. Sinon le meneur passe à un autre joueur. Le dernier qui reste gagne.

Variante : on peut aussi remplacer le meneur quand on se trompe, cela évite les éliminations et les déceptions !

Le jeu de la ronde des prénoms

(Idéal pour se présenter, rires garantis !)

15 minutes 3 joueurs minimum 6 à 12 ans

Activité d'intérieur ou d'extérieur

- Les joueurs forment un cercle debout.
- Un premier joueur s'avance vers le centre du cercle avec une gestuelle particulière de son choix (danser, sautiller, marcher comme un robot, comme un monstre, timidement, rapidement, etc.) et dit son prénom d'une manière allant de paire avec sa gestuelle (il peut le crier, le chuchoter, le chanter, changer sa voix, etc.).
- Il revient ensuite à sa place.
- Tous les autres joueurs en même temps l'imitent en allant aussi vers le centre du cercle. Puis tout le monde revient à sa place.
- Et ainsi de suite, chaque joueur à son tour. Si certains ne veulent pas le faire, ils peuvent sauter leur tour.

Ni oui, ni non !

5 minutes 2 joueurs minimum + 1 meneur 6 à 10 ans
Activité d'intérieur

Matériel : des pions ou des petits bouts de papier

- Un joueur est le meneur.
- Distribuer autant de pions à chaque joueur, sauf au meneur.
- Le meneur pose tout un tas de questions diverses aux joueurs.
- Les joueurs répondent aux questions, mais ils n'ont pas le droit de dire « oui » ou « non ». S'ils se trompent, ils donnent un pion au meneur.
- Au bout de 15 questions, On compte les pions restants de chaque joueur. Celui qui a le plus de pions gagne.

Variante : on peut retirer le meneur et les joueurs en se posant des questions alternativement.

Le jeu des ambassadeurs

10 minutes 5 joueurs minimum 7 à 12 ans

Activité d'intérieur

Matériel : 1 crayon, 1 feuille de papier

- Choisir un meneur. Il écrit sur la feuille de papier une liste de mimes. Par exemple : des métiers (peintre, serveur, etc.), des actions (nager, manger, etc.), des animaux (un lapin, une grenouille, etc.) ou d'autres catégories.
- Faire deux équipes égales éloignées dans la pièce.
- Tour à tour les joueurs de chaque équipe viendront voir le meneur pour qu'il leur donne un mime à faire. Les joueurs retournent dans leur équipe et font le mime (sans parler, sans bruitage, sans écrire).
- Une fois le mime trouvé, un autre joueur repart auprès du meneur pour un nouveau mime et ainsi de suite.
- L'équipe qui a fait deviner en premier toute la liste a gagné !

Le jeu des mains

15 minutes 3 joueurs minimum 6 à 12 ans

Activité d'intérieur ou d'extérieur

- Les joueurs forment un cercle assis par terre (ou à quatre pattes) et les deux mains au sol.
- Chaque joueur passe sa main droite sous la main gauche du voisin.
- Chaque main, tour à tour, doit frapper le sol. Il faut que les joueurs soient vigilants, car les mains sont mélangées !
- Si un joueur frappe le sol alors que ce n'est pas son tour, il est éliminé.
- Le dernier qui reste gagne !

Le jeu des marionnettes (mime)

5 minutes 2 joueurs 8 à 12 ans Activité d'extérieur

- Un joueur est la marionnette. Il est assis par terre.
- L'autre joueur se place debout devant la marionnette.
- Imaginer qu'il y a des fils accrochés à la marionnette : un à chaque main et un à chaque pied.
- Le joueur qui est debout fait bouger la marionnette en faisant semblant de soulever les fils. La marionnette doit réagir en levant la partie du corps tirée par le fil imaginaire.

Le jeu des sorciers

(Démasquer les sorciers jeteurs de sorts !)

15 minutes 5 joueurs minimum 7 à 12 ans
Activité d'intérieur

- Choisir un meneur.
- Les autres joueurs forment un cercle et ferment les yeux.
- Discrètement, le meneur touche l'épaule des enfants qu'il désigne « sorciers » (1 pour 5 enfants).
- Au signal donné par le meneur, les joueurs ouvrent les yeux et marchent dans l'espace de jeu. Les enfants « sorciers » doivent toucher les autres joueurs sans se faire démasquer.
- Une fois touchés, les joueurs doivent s'immobiliser. Pour être délivrés du sort, ils doivent être touchés aux épaules par un autre joueur.
- Un sorcier démasqué est éliminé. La partie est terminée lorsque tous les sorciers ont été démasqués ou que les autres joueurs sont tous immobilisés (dans ce cas, ce sont les sorciers qui gagnent !).

Le jeu des statues

5 minutes 3 joueurs minimum 8 à 12 ans

Activité d'intérieur ou d'extérieur

- Un joueur est le meneur. Les autres joueurs se mettent par deux ou par trois et se donne un numéro (1, 2 ou 3).
- Les joueurs prennent une position de statue. Chaque joueur doit avoir une partie de son corps en contact avec un autre joueur.
- Une fois la position trouvée, les joueurs ne bougent plus (comme des statues).
- Le meneur annonce « 1 ». Le joueur qui porte le numéro 1 change de place et se remet en position de statue. Les autres joueurs ne bougent pas.
- Le meneur annonce ensuite « 2 ». Le joueur qui porte le numéro 2 change de place et se remet en position de statue. Les autres joueurs ne bougent pas.
- Le meneur annonce « 3 ». Le joueur qui porte le numéro 3 change de place et se remet en position de statue. Les autres joueurs ne bougent pas.
- Le meneur peut annoncer une deuxième fois tous les numéros. Les joueurs imaginent ainsi plusieurs positions au fil du jeu.

Le jeu du cochon
(Dessin, hasard et fous rires !)

15 minutes 2 joueurs minimum 7 à 10 ans
Activité d'intérieur

Matériel : 1 crayon et 1 feuille de papier par joueur, 2 dés

But du jeu :

- Le premier à avoir dessiné son cochon en entier a gagné !

Règles du jeu :

- Chaque joueur lance les 2 dés tout à tour.
- Pour commencer à dessiner, il faut obtenir un 9. Une fois obtenu, le joueur peut dessiner le corps du cochon.
- Pour dessiner le reste du corps, il faut obtenir tour à tour des dés :

- 3 pour la tête
- 6 pour la queue
- 4 pour les oreilles
- 5 pour les pattes
- 2 pour les yeux

Variante : on peut changer l'animal (chien, chat, etc.) et le support (sable, ardoise, etc.).

Le jeu du poulet

(Plumer le poulet sans se faire toucher !)

10 minutes 3 joueurs minimum 6 à 10 ans

Activité d'intérieur

Matériel : 1 grand T-shirt, des pinces à linge, 1 foulard

- Un joueur est le poulet. Il enfile le T-shirt sur lequel les joueurs épinglent les pinces à linge (ce sont les plumes du poulet !).
- Le poulet se tient au milieu de l'espace de jeu, les yeux bandés à l'aide du foulard.
- Les joueurs doivent enlever les plumes du poulet sans se faire toucher par ce dernier. Celui qui se fait toucher plus de 3 fois par le poulet remplace le poulet.

Le jeu du guide

5 minutes 2 joueurs 6 à 12 ans

Activité d'intérieur ou d'extérieur

- Placer les deux joueurs l'un derrière l'autre. Le joueur placé devant ferme les yeux. Le joueur placé derrière va être son guide pour se déplacer dans l'espace.
- Pour guider, les joueurs n'ont pas le droit de parler. Le guide doit poser sa main sur l'épaule droite s'il veut que le premier joueur tourne à droite. Faire de même sur l'épaule gauche pour aller à gauche. Pour s'arrêter, poser la main dans le dos.
- Tant que le guide ne pose pas sa main, le premier joueur va tout droit.
- Ensuite, inverser les joueurs.

Variante : réaliser un parcours à faire pour rendre le jeu plus complexe.

Le jeu du miroir

5 minutes 2 joueurs 6 à 12 ans

Activité d'intérieur ou d'extérieur

- Placer les deux joueurs l'un en face de l'autre.
- Un joueur est désigné « miroir ».
- L'autre joueur va réaliser des gestes très lentement.
- Le joueur « miroir » doit le suivre exactement.
- Donner un thème : faire sa toilette, le clown qui se maquille… Les gestes doivent rester au niveau du visage et du haut du corps.

Un paquet de nœuds !

10 minutes 4 joueurs minimum 7 à 11 ans

Activité d'intérieur ou extérieur

- Un joueur sort de la pièce. C'est lui qui devra défaire le nœud formé par ses compagnons.
- Les autres joueurs forment une ronde en se tenant par les mains. Sans se lâcher, les joueurs s'entrelacent pour former un nœud géant.
- Le joueur qui est sorti au début du jeu revient et doit défaire le nœud sans faire lâcher les mains.

Pigeon vole !

10 minutes 3 joueurs minimum 6 à 8 ans

Activité d'intérieur ou extérieur

- Il faut choisir un meneur de jeu.
- Le meneur de jeu dit le verbe « vole » et y associe un mot. Par exemple « Pigeon vole » et lève le doigt en même temps. Si le l'élément désigné vole, les joueurs doivent aussi lever le doigt. Si le mot ne vole pas, ils ne doivent pas le lever. Exemple : « cheval vole », on ne lève pas le doigt ; « avion vole », on doit lever le doigt.
- Un joueur est éliminé quand il s'est trompé.
- Le gagnant est le dernier joueur qui ne s'est pas trompé.

Variantes : changer d'action (rouler, nager, etc.).

SCÈNE 3 : **Recettes de cuisine**

Assiette de champignons rigolos

10 minutes €€ 4 à 8 ans Activité d'intérieur

Matériel : 1 assiette, de la salade verte, 1 petite tomate, de la mayonnaise (en tube de préférence), 2 œufs durs

-----

- Dans l'assiette, disposer la salade un peu partout.
- Couper la tomate en deux dans le sens horizontal.
- Couper les œufs à la base pour qu'ils tiennent debout.
- Placer les œufs au centre de l'assiette (ils sont le pied du champignon).
- Par-dessus les œufs, déposer les demi-tomates (qui représentent le chapeau du champignon).
- Déposer des pointes de mayonnaise pour faire les points sur le chapeau du champignon.
- Si le chapeau ne tient pas à son pied, rajouter un cure-dent entre les deux. Attention, prévenir les gourmands qui voudraient croquer dedans à pleines dents !

Le chausson au jambon (très bon!)

15 minutes + 15 minutes de cuisson 6 à 12 ans + 1 adulte

Activité d'intérieur

Matériel : 1 saladier, 1 couteau, 1 pinceau de cuisine, 1 plaque de silicone ou de papier cuisson, 1 four

Ingrédients : 100 g de jambon, 1 pâte feuilletée, 1 petit-suisse, 1 jaune d'œuf, 100 g de gruyère râpé, 1 cuillère à soupe de crème fraîche, 1 pincée de sel, du poivre

-----

- Préchauffer le four à 200 °C (th.6/7). Couper le jambon en petits cubes.
- Dans un saladier, mélanger le jambon, le gruyère, le petit-suisse, la crème fraîche, le sel et le poivre.
- Sur une plaque de silicone ou de papier cuisson, étaler la pâte feuilletée.
- Verser la préparation au jambon sur une moitié de la pâte.
- Rabattre l'autre moitié de la pâte pour fermer le chausson. Coller les bords en appuyant bien fort avec les doigts mouillés.
- Dessiner des motifs avec un couteau sans appuyer trop fort.
- Badigeonner le chausson avec le jaune d'œuf.
- Mettre au four à 180 °C (th.6) pendant 25 minutes environ.
- Bon appétit !

acte
4

Des idées pour l'hiver

Ouverture

Super, c'est l'hiver ! Vive les joies de la neige, les fêtes de Noël et les gourmandises du Mardi gras. Voici des activités et des recettes pour passer un hiver gourmand et haut en couleur !

SCÈNE 1 : **Activités manuelles**

Une boule de senteur à suspendre

30 minutes €€

8 à 12 ans

Activité d'intérieur

Matériel : des ciseaux, 1 m de ruban, 2 épingles, 1 orange, des clous de girofle

-----

- Prendre l'orange de manière à ce que sa queue soit vers le haut.
- Avec le ruban, emballer l'orange comme pour un papier cadeau et terminer par une boucle. Fixer le ruban avec les épingles.
- Enfoncer les clous de girofle dans l'orange en les serrant le plus possible. Il faut remplir toutes les parties délimitées par le ruban.
- Ensuite il ne reste plus qu'à suspendre la boule et apprécier son odeur pendant 3 semaines !

Un tableau abstrait à la manière de Dubuffet

30 minutes | 5 à 12 ans | Activité d'intérieur

Matériel : 1 feutre noir, 1 feutre bleu, 1 feutre rouge, 1 feuille blanche cartonnée

-----

- Sur la feuille blanche, faire des arabesques (des courbes et des boucles) au feutre noir en partant d'un bord vers l'autre.
- Remplir les espaces ainsi délimités avec le feutre rouge et le feutre bleu. Colorier entièrement un espace ou le remplir avec les lignes horizontales ou verticales. Il faut qu'un espace soit rempli avec une seule couleur et d'une seule manière (lignes ou aplat de couleur).

Faire pousser un avocat

20 minutes | 8 à 12 ans + 1 adulte | Activité d'intérieur

Matériel : 1 noyau d'avocat, 3 cure-dents, 1 couteau (manipulation par l'adulte)

- Laisser sécher un noyau d'avocat 1 ou 2 jours, puis retirer la fine couche brune qui l'entoure.
- Faire trois trous à l'aide d'un couteau à 2 cm de la base du noyau et y insérer les cure-dents.
- Remplir un verre d'eau et poser l'installation noyau/cure-dent sur le verre. La base du noyau doit tremper dans l'eau.
- Au bout de quelques semaines, des racines vont sortir et des tiges vont pousser !
- Planter ensuite le noyau (sans les cure-dents) dans un petit pot de terre et laisser le petit arbre pousser.

Des jolies bougies flottantes

40 minutes | €€ | 8 à 12 ans + 1 adulte | Activité d'intérieur

Matériel : des coquilles de noix vides (une demi-coquille = 1 bougie), de la peinture en bombe pailletée (dorée ou argentée), de la mèche à bougie, de la paraffine, 1 vieille casserole, des ciseaux

-----

- Peindre les coquilles de noix avec la peinture en bombe choisie.
- Couper des petites mèches à bougies de 3 cm de long. Préparer autant de mèches qu'il y a de coquilles de noix.
- Dans la casserole, faire fondre la paraffine.
- Tremper les mèches dans la paraffine fondue et laisser sécher.
- Placer une mèche verticalement dans chaque coquille. Avec l'aide d'un adulte, remplir délicatement les coquilles avec la paraffine fondue.
- Laisser refroidir et durcir.
- Choisir un joli plat creux et le remplir d'eau. Poser les bougies sur l'eau et les allumer. Et voilà une décoration lumineuse assurée !

Un bonhomme de neige en papier crépon

30 minutes €€ 4 à 7 ans Activité d'intérieur

Matériel : du papier crépon blanc et noir, de la colle blanche, des ciseaux, 1 feuille cartonnée noire

-----

- Découper des morceaux de papier crépon blanc et en faire des petites boules bien compactes.
- Découper aussi 5 morceaux de papier crépon noir et faire 5 boules.
- Sur la feuille noire, dessiner un gros bonhomme de neige.
- Étaler de la colle blanche sur le bonhomme.
- Coller les petites boules blanches les unes à côté des autres sans laisser d'espace. Utiliser les boules noires pour faire 2 yeux et 3 boutons sur le corps du bonhomme de neige.
- Laisser sécher.

Variante : utiliser la même technique pour faire d'autres dessins (un sapin, des animaux, des formes, etc.).

Une belle bouteille de table

30 minutes €€€ 8 à 12 ans Activité d'intérieur

Matériel : 1 bouteille en verre, de la peinture pour verre, 1 pinceau, des ciseaux, du scotch

-----

- Coller le scotch en spirale autour de la bouteille en espaçant les bandes de 1 cm. Commencer par le bas de la bouteille et remonter jusqu'au goulot.
- Avec le pinceau et la peinture pour verre, peindre régulièrement et toujours dans le même sens la bouteille. On peut déborder sur le scotch.
- Laisser sécher le temps indiqué sur la notice de la peinture.
- Retirer le scotch et voilà une belle bouteille pour servir l'eau ou l'orangeade, par exemple !

Le calendrier de l'Avent

30 minutes €€€ 7 à 10 ans Activité d'intérieur

Matériel : 24 boîtes d'allumettes vides toutes blanches (vendues dans le commerce), des feutres, des paillettes, de la colle, des ciseaux, 1 grande feuille cartonnée verte, du papier brillant doré ou 1 feutre doré, 1 feuille marron et du carton épais

- Sur la grande feuille cartonnée verte, dessiner un sapin (tronc compris) en veillant à ce qu'il soit assez grand pour que les 24 boîtes d'allumettes puissent être disposées dans le sapin. Poser les boîtes à plat en les répartissant sur le sapin (sans coller pour le moment). Reporter le gabarit du sapin sur le carton épais et le découper.
- Coller le sapin vert sur le carton épais.
- Numéroter les boîtes sur le dessus de 1 à 24 avec un feutre noir, puis les décorer selon votre goût.
- Coller les boîtes à plat sur le sapin.
- Découper un tronc dans la feuille marron et le coller sur le sapin.
- Découper une étoile dans la feuille dorée et la coller sur le sapin.
- Il ne reste plus qu'à remplir les boîtes avec des petits cadeaux ou des chocolats !

Des candy-canes pour le sapin

30 minutes+ 24 h de séchage €€ 8 à 12 ans

Activité d'intérieur

Matériel : de la peinture rouge et blanche, du ruban rouge, de la pâte qui sèche à l'air

-----

- Avec la pâte qui sèche à l'air, façonner des petites canes : tiges avec l'extrémité recourbée.
- Laisser sécher 24 heures.
- Peindre les canes avec des bandes rouges et blanches.
- Laisser sécher.
- Accrocher les candy-canes avec un ruban pour les suspendre dans le sapin !
- Prévenir les invités qu'ils ne sont pas en sucre !

Le sapin de Noël en relief

30 minutes | €€ | 8 à 12 ans | Activité d'intérieur

Matériel : des ciseaux, de la colle, des feutres, 1 feuille cartonnée verte, 1 perforatrice, des feuilles de couleurs, les gabarits de la page 245

- Reproduire les gabarits page 245 sur la feuille verte.
- Découper les sapins et couper le long des lignes verticales au centre des sapins.
- Colorier le tronc au feutre marron des deux côtés.
- Faire des trous dans les feuilles de couleur à l'aide de la perforatrice et récupérer les disques de couleur.
- Coller les disques sur les sapins des deux côtés comme des boules de Noël.
- Encastrer les 2 sapins. Le sapin tient tout seul !

Variante : utiliser de la fausse neige, des paillettes, etc. pour agrémenter le sapin !

De jolies guirlandes

15 minutes | 7 à 12 ans | Activité d'intérieur

Matériel : du papier crépon de couleurs différentes, des ciseaux, 1 agrafeuse

-----

- Découper deux longues bandes de papier crépon (de couleurs différentes) de 5 cm de large. Si le crépon est vendu en rouleau, il suffit alors de couper une largeur de 5 cm sans déplier le rouleau.
- Agrafer la première bande sur la deuxième perpendiculairement.
- Rabattre alternativement les bandes l'une sur l'autre toujours à la perpendiculaire.
- À la fin des bandes, agrafer les deux extrémités ensemble.
- Déplier. Voilà une belle guirlande !

Un sapin de Noël en mains

30 minutes | Pour toute la famille | Activité d'intérieur

Matériel : des ciseaux, 1 crayon,
des feuilles vertes (utiliser différentes nuances),
1 rouleau de papier kraft (ou autre support pour le sapin),
1 feuille marron

- Reproduire le contour de sa main sur la feuille verte puis la découper. Dessiner plusieurs fois sa main ou demander à plusieurs personnes de participer. Plus il y a de mains, plus le sapin est grand !
- Sur le support, commencer par poser les mains les unes à côté des autres par rangées en réduisant le nombre de mains à chaque nouvelle rangée pour obtenir la forme d'un sapin. Il faut commencer par le bas.
- Découper un tronc dans la feuille marron et le coller sur le support.
- Coller les mains en commençant par le bas du sapin. Faire chevaucher les mains et coller par-dessus à chaque nouvelle rangée.
- Le sapin est terminé !

Le petit plus : ajouter de la fausse neige autour du sapin et sur sa cime, des étoiles dans le ciel ou des flocons de neige.

Un casque de chevalier

40 minutes | €€ | 5 à 8 ans | Activité d'intérieur

Matériel : 1 perforatrice, 1 règle, des ciseaux, 2 attaches parisiennes, du fil élastique (environ 20 cm), 1 bombe de peinture argentée, 1 feuille de papier cartonné

- Sur la feuille cartonnée, tracer et découper 8 bandes de 4 cm de largeur sur 30 cm de longueur. Faire un trou à la perforatrice à chaque extrémité des bandes à 1 cm du bord.
- Mettre de la bombe de peinture argentée sur toutes les bandes et des deux côtés. Laisser sécher.
- Poser les bandes les unes sur les autres et les attacher à l'aide d'une des attaches parisiennes installée dans le trou. Recommencer l'opération avec le deuxième trou mais cette fois-ci, inverser le sens des bandes. Les 4 premières bandes passent sous les 4 dernières.
- Ouvrir les bandes pour former le casque et attacher le fil élastique aux attaches parisiennes.
- Penser à écarter les bandes un peu plus au niveau des yeux.

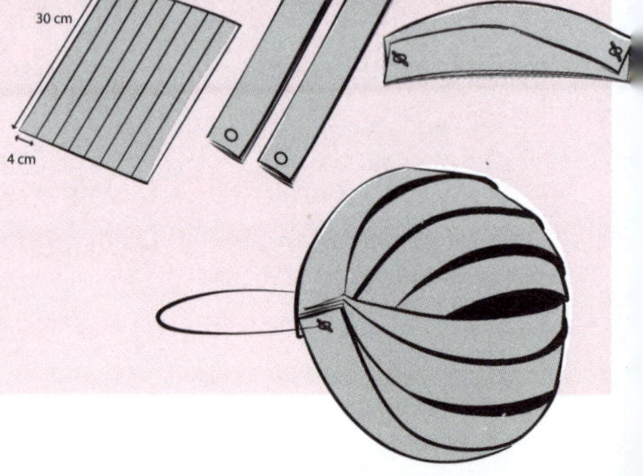

Une belle couronne des rois

30 minutes | 4 à 7 ans | Activité d'intérieur

Matériel : 1 grande feuille cartonnée blanche, de l'encre jaune et 1 pinceau, des crayons de cire de couleur, 1 crayon, des ciseaux, 1 agrafeuse

-----

- Tracer une longue bande sur la feuille cartonnée. Elle doit pouvoir faire le tour de la tête.
- Faire la partie supérieure de la bande en ligne brisée (pour faire les piques de la couronne).
- Découper la bande.
- En appuyant bien fort sur les crayons de cire, dessiner des joyaux tout le long de la couronne (de forme carrée, ovale, ronde, etc.).
- Peindre toute la couronne avec de l'encre jaune.
- Laisser sécher.
- La cire repousse l'encre comme par magie !
- Agrafer la couronne pour qu'elle tienne sur la tête.
- Il n'y a plus qu'à trouver le roi ou la reine !

Un crayon serpent

20 minutes | €€ | 7 à 9 ans | Activité d'intérieur

Matériel : des ciseaux, de la colle, 1 crayon de couleur, du fil cure-pipe, des feuilles de couleur

-----

- Enrouler le fil cure pipe autour du crayon.
- Avec l'extrémité du fil, faire une petite boucle non fermée (pour faire la tête).
- Rabattre la boucle pour qu'elle soit à l'horizontale par rapport au corps du serpent.
- Dans la feuille de couleur, découper deux petits cercles pour les yeux (on peut utiliser une perforatrice) et une langue de serpent (un Y).
- Coller les yeux et la langue sur la tête du serpent.
- Et voilà un crayon serpent !

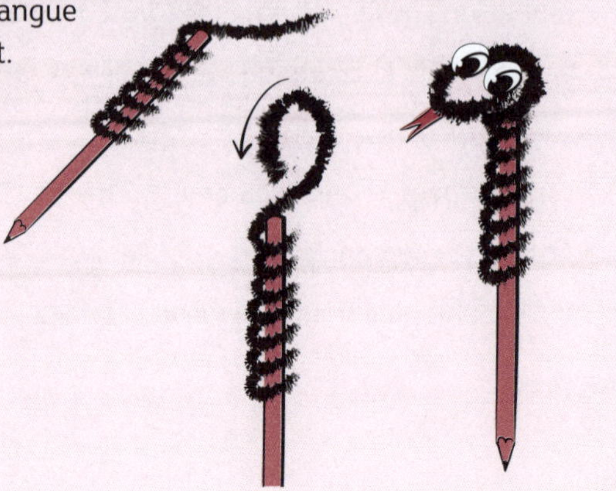

Des flocons de neige en papier

15 minutes | 8 à 12 ans | Activité d'intérieur

Matériel : des ciseaux, 1 feuille blanche, le gabarit de la page 246

- Couper la feuille pour obtenir un carré.
- Plier le carré en deux dans sa diagonale.
- Tenir le triangle pliure en bas et découper le haut de la figure en arc de cercle pour obtenir un demi-cercle.
- Plier le demi-cercle en trois parties égales (comme des parts de gâteau).
- Rabattre les parties extérieures vers le centre.
- Reproduire le modèle des gabarits page 246, puis découper.
- Déplier. Voilà le flocon !

Un jeu de mikado bien à soi

40 minutes €€ 9 à 12 ans Activité d'intérieur

Matériel : 39 piques à brochette en bois, des feutres

Fabrication du mikado :

- Avec les feutres, dessiner sur les piques des bandes de 1 cm espacées d'1 cm en respectant les couleurs suivantes :
  - 14 mikados verts : les coolies (valeur 1 point)
  - 11 mikados rouges : les bonzes (valeur 5 points)
  - 8 mikados bleus : les mandarins (valeur 10 points)
  - 5 mikados orange : les samouraïs (valeur 15 points)
  - 1 mikado multicolore : le mikado (valeur 25 points)
- Le jeu est prêt !

Règles du jeu :

- Pour jouer, rassembler tous les piques dans la main et l'ouvrir d'un coup de manière à ce que les bâtonnets s'éparpillent sur la table en s'enchevêtrant.
- Chaque joueur tente tout à tour de retirer des piques sans les faire bouger. Il peut s'aider des 2 mains ou d'un pique déjà retiré du jeu.
- Si les piques bougent, le joueur passe son tour au joueur suivant.
- Une fois tous les piques retirés, il faut compter les points.
- Le joueur qui a le plus de points (et non de piques) gagne la partie !

Un tableau abstrait à la manière de Kandinsky

30 minutes €€ 8 à 12 ans Activité d'intérieur

Matériel : de la peinture, 2 feuilles cartonnées blanches, 1 feuille noire, des ciseaux, de la colle

-----

- Sur une feuille cartonnée, peindre des lignes de couleur. Laisser sécher.
- Peindre entièrement l'autre feuille avec une couleur claire (bleu, vert, rose, jaune, etc.).
- Découper dans la feuille noire des formes qui ne représentent rien de réel (des formes abstraites).
- Lorsque tout est sec, découper dans la feuille peinte avec des rayures des formes abstraites.
- Sur la feuille unie, coller de manière aléatoire et librement toutes les formes découpées.
- Et voilà un beau tableau abstrait à la manière de Wassily Kandinsky.

La carte de Bonne Année

30 minutes · €€ · 9 à 12 ans · Activité d'intérieur

Matériel : 1 feuille blanche cartonnée format A4, des ciseaux, de la colle, 1 feutre argenté, 1 feuille de couleur cartonnée

-----

- Plier la feuille blanche en deux.
- Avec les ciseaux, faire deux fentes espacées de 1 cm et 3 cm de long au centre de la feuille du côté de la pliure.
- Sur la feuille cartonnée, écrire « Bonne Année ! » puis découper tout autour.
- Ouvrir la feuille blanche à angle droit.
- Enfoncer la bande, créée par les deux fentes, vers l'intérieur de la carte. Coller le message « Bonne Année » sur la bande. Veiller à ce que le message ne dépasse pas de la carte lorsqu'elle est repliée.
- Fermer et ouvrir la carte pour faire bouger le message.

Variantes : décorer la carte avec des paillettes, des dessins...

Faire la même carte avec d'autres messages.

Rajouter d'autres bandes en variant la longueur pour coller des messages ou des dessins.

La lanterne chinoise

30 minutes €€ 8 à 12 ans Activité d'intérieur

Matériel : 1 feuille cartonnée rouge format A4, des ciseaux, 1 règle et 1 crayon, 1 agrafeuse, 1 ficelle dorée de 15 cm

-----

- Plier la feuille en deux. Mettre le pli en bas.
- Tracer en haut de la feuille (côté ouvert) une bande horizontale de 3 cm de hauteur.
- Tracer ensuite des bandes verticales de 1,5 cm de largeur.
- Couper les bandes verticales en s'arrêtant à la bande horizontale.
- Déplier la feuille.
- Enrouler la feuille en tenant les petits côtés et en les agrafant.
- Agrafer la ficelle en haut de la lanterne (ou découper et agrafer une bande de papier).

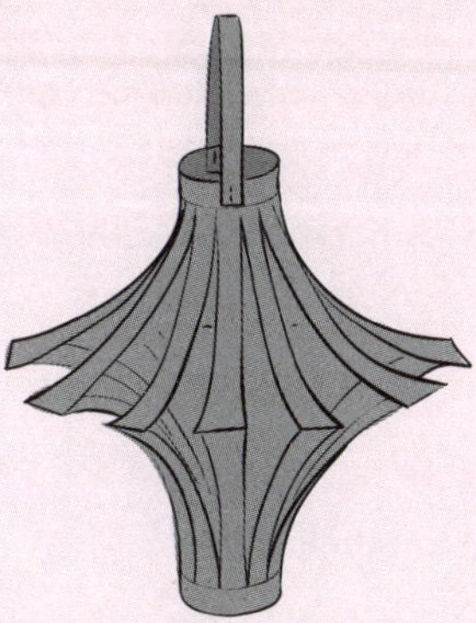

La lanterne noire du magicien

30 minutes €€ 7 à 9 ans Activité d'intérieur

Matériel : des ciseaux, de la colle, 1 crayon à papier, 1 feuille cartonnée noire, 2 pinces à linge, 1 bougie chauffe-plat, 1 pot de yaourt en verre vide et propre, du papier vitrail

-----

- Enrouler la feuille noire autour du pot de yaourt vide afin de prendre les mesures. La feuille noire doit dépasser le pot de 3 cm en hauteur et elle doit le recouvrir complètement. Le pot ne doit plus être visible. Penser à laisser deux marges de chaque côté de 2,5 cm (pour pouvoir coller). Déplier la feuille et découper si besoin à la bonne dimension.
- Sur la feuille noire posée à plat, dessiner des étoiles, lunes et autres formes puis les découper.
- Recouvrir les motifs évidés sur la feuille noire en collant du papier vitrail.
- Mettre de la colle sur les deux marges prévues à cet effet puis entourer le pot de yaourt avec la feuille noire et coller les marges.
- Utiliser les 2 pinces à linge pour faire tenir la feuille noire enroulée le temps que la colle sèche.
- Remettre la feuille noire autour du pot de yaourt.
- Poser une bougie chauffe-plat dans le pot de yaourt et l'allumer.
- Il ne reste plus qu'à admirer !

Un marque-page d'une nuit d'hiver

20 minutes | 7 à 12 ans | Activité d'intérieur

Matériel : 1 feuille cartonnée noire, 1 feuille blanche, 1 feuille verte, 1 perforatrice sapin (facultatif), 1 feutre marron, des autocollants en forme d'étoiles (ou du papier brillant), des ciseaux, 1 crayon, 1 règle, de la colle, 15 cm de ruban, 1 perforatrice, 1 plastifieuse ou du film adhésif transparent

-----

- Couper une bande de 15 cm x 4 cm dans la feuille cartonnée.
- En bas de la bande, coller un morceau de feuille blanche (pour faire la neige).
- Découper dans la feuille verte un petit sapin (utiliser une perforatrice sapin pour un meilleur résultat). Coller le sapin sur la neige et colorier le tronc.
- Coller les étoiles dans le ciel.
- Plastifier avec une plastifieuse ou recouvrir de film adhésif transparent.
- Faire un trou à la perforatrice en haut du marque-page et y passer le ruban. Faire un nœud.
- Le marque-page est prêt !

Variante : avant de plastifier, écrire un prénom au dos du marque-page avec un feutre argenté, blanc ou doré.

Le masque de grenouille

40 minutes | 4 à 8 ans | Activité d'intérieur

Matériel : 1 assiette en carton, des ciseaux, 1 agrafeuse, du fil élastique, de la peinture, 1 feuille cartonnée jaune, 1 compas

-----

- Peindre l'assiette en vert et laisser sécher.
- Sur la feuille cartonnée jaune, découper deux cercles de 8 cm de diamètre.
- Faire une fente dans l'assiette en partant d'un bord jusqu'au centre.
- Superposer sur 1 cm les bords de la fente et agrafer. Placer l'assiette avec les bords agrafés en bas.

- Faire deux trous au niveau des yeux.
- Retourner l'assiette et agrafer les bords des deux cercles jaunes en haut de l'assiette.
- Remettre l'assiette côté peint et dessiner deux gros points noirs au centre des cercles jaunes. Ce sont les yeux de la grenouille.
- Dessiner une grande bouche au feutre noir (ou à la peinture).
- Agrafer l'élastique de chaque côté du masque pour qu'il tienne au niveau du visage.

Le m

10 minutes

Matériel : 1 pi

- Presser le citron, retirer la

- À l'aide du pinceau fin, écrire un message ou faire un dessin sur la feuille blanche.

- Pour pouvoir lire le message, le destinateur devra passer la feuille devant une bougie (attention aux flammes !) ou l'adulte peut repasser la feuille (mettre un linge entre la feuille et le fer) : au contact de la chaleur, le jus de citron brunit et laisse apparaître le message secret !

photophores

+ séchage €€ 6 à 12 ans Activité d'intérieur

…ériel : des pots de yaourt en verre (vides et propres), …s colle, du papier de soie, 1 pinceau, des bougies chauffe-plat (autant que de pots de yaourt)

- Déchirer le papier de soie en petits morceaux. Ne pas utiliser de ciseaux.
- À l'aide du pinceau, mettre du vernis colle sur le pot (à l'extérieur) et poser des morceaux de papier de soie déchirés. Repasser par-dessus avec le vernis colle. Les morceaux de papier de soie doivent recouvrir totalement le pot et être recouverts de vernis colle.
- Laisser sécher.
- Déposer une bougie chauffe-plat dans le photophore et admirer !

Variante : jouer sur les tailles des pots, sur la couleur du papier, on peut mettre plusieurs couleurs à la fois.

Un mobile scintillant

30 minutes — €€ — 7 à 10 ans

Activité d'intérieur

Matériel : des ciseaux, du scotch double-face, de la colle, des paillettes, du ruban, 1 emporte-pièce étoile (ou autre forme), 1 feuille cartonnée de couleur, des feuilles de couleur

-----

- Dans la feuille cartonnée de couleur, découper une spirale (de la taille d'une assiette environ).
- Avec l'emporte-pièce, découper des étoiles dans les feuilles de couleur. On peut varier les couleurs.
- Découper des morceaux de ruban de 8 cm. Coller avec le scotch double-face une extrémité du ruban sur l'étoile.
- Mettre de la colle sur l'étoile et saupoudrer de paillettes.
- Coller l'autre extrémité du ruban sur le verso de la spirale.
- Renouveler l'opération avec toutes les étoiles. On peut varier les formes et mettre des cœurs, des sapins, etc. Disposer les rubans tout le long de la spirale.
- Mettre de la colle sur la spirale et saupoudrer de paillettes.
- Tout en haut de la spirale, coller ou agrafer un ruban plié en deux afin de pouvoir la suspendre.
- Une fois suspendue, la spirale tourne toute seule et brille !

Petits sachets à offrir

15 minutes €€ 6 à 12 ans Activité d'intérieur

Matériel : 1 rouleau de papier cellophane, du ruban (ou bolduc, raphia...), 1 feuille légèrement cartonnée, des feutres, des ciseaux, 1 perforatrice, 1 bouteille ou 1 boîte de conserve

Fabrication du sachet :

- Dans le papier cellophane, découper un rectangle 35 cm x 25 cm.
- Commencer à emballer une bouteille en commençant par le fond. Ne pas emballer la bouteille complètement, elle sert de gabarit pour le fond du sachet. Retirer la bouteille. Voilà votre sachet prêt à être rempli de bonbons, sablés, etc. On peut consolider le fond du sachet en y mettant un disque de feuille cartonnée.

Fabrication de l'étiquette :

- Dans la feuille cartonnée, découper un rectangle de 7 cm x 4 cm. Couper les angles en biais. Faire un trou avec la perforatrice.
- Décorer aux feutres : titre du contenu du sachet, ingrédients, « faits maison », de la part de...

Finition du sachet :

- Une fois rempli, fermer le sachet avec un ruban (comme un bonbon).
- Avant de faire le nœud, enfiler l'étiquette.

Le serre-livres en maison

30 minutes | €€ | 7 à 12 ans | Activité d'intérieur

Matériel : 1 boîte à chaussures blanche (sans le couvercle), des ciseaux, 1 crayon, des feutres, de la colle, 2 feuilles blanches format A3

- Dessiner une maison de part et d'autre d'un angle de la boîte à chaussures. Découper en gardant une partie du fond de la boîte. C'est un patron.
- Refaire de même avec un autre angle.
- Reporter les patrons des maisons sur les feuilles blanches.
- Colorier au feutre.
- Découper puis coller sur les patrons découpés dans la boîte à chaussures.
- Poser les serre-livres de chaque côté de la rangée de livres.

Des petits sachets de lavande

50 minutes €€ 8 à 12 ans Activité d'intérieur

Matériel : des ciseaux, 1 morceau de tissu, du ruban (20 cm), de la lavande séchée, des ciseaux cranteurs, du fil à coudre et 1 aiguille

-----

- Découper un rectangle de 24 cm x 9 cm dans le tissu avec les ciseaux.
- Plier en deux, endroit contre endroit (c'est-à-dire de sorte que les motifs soient face à face).
- Avec les ciseaux cranteurs, découper le haut du sachet (partie opposée à la partie pliée).
- Coudre avec le fil à coudre et l'aiguille les bords du rectangle.
- Retourner le sachet.
- Remplir de lavande à la moitié du sachet.
- Fermer avec le ruban en faisant un joli nœud.

Des petits savons

40 minutes €€ 8 à 12 ans + 1 adulte Activité d'intérieur

Matériel : de la glycérine, 1 vieille casserole, 1 vieux moule à glaçons à forme (étoile, ourson, sapin, etc.), du savon de couleur, 1 essence parfumée, 1 vieille râpe

-----

- Découper quelques cubes de glycérine et les faire fondre au bain-marie.
- Râper le savon de couleur et le rajouter dans la casserole.
- Ajouter 3 gouttes d'essence parfumée. Mélanger.
- Verser le mélange dans le bac à glaçons.
- Laisser refroidir 3 heures et démouler.
- Les savons sont prêts !

Variante : on peut varier les formes, les couleurs et les parfums des savons et les offrir dans des petits sachets (voir ci-contre).

Une tirelire pingouin

50 minutes | €€ | 7 à 10 ans | Activité d'intérieur

Matériel : 1 petite bouteille de lait (vide et propre), des gros yeux mobiles, des ciseaux, de la peinture acrylique, de la feutrine orange et de la couleur du bouchon (ou des feuilles cartonnées orange et de la couleur du bouchon)

- Retirer le bouchon et le conserver.
- Dessiner le manteau du pingouin (un gros ovale pour le ventre et par-dessus les 2 pattes).
- Peindre en noir le manteau ainsi que le goulot de la bouteille.
- Laisser sécher.
- Dans la feutrine orange, découper deux grosses pattes et un bec.
- Sur l'autre feutrine, poser le bouchon et tracer son contour. Tracer ensuite un cercle à 2 cm du contour tracé. Découper la couronne obtenue.
- Insérer la couronne autour du goulot de la bouteille puis mettre le bouchon. Voilà un beau chapeau pour le pingouin !
- Coller le bec, les pattes, et les yeux.
- Dévisser le bouchon pour y passer les pièces.
- La tirelire pingouin est prête à être remplie !

Des verres de fête et des pailles prénoms

30 minutes 7 à 10 ans Activité d'intérieur

Matériel : des verres, du sirop, du sucre, des pailles, 1 perforatrice, des feutres, 1 feuille cartonnée de couleur, des ciseaux, 2 soucoupes

-----

Préparation des verres :

- Dans une soucoupe, verser du sucre.
- Dans l'autre soucoupe, verser le sirop (on peut varier les couleurs de sirop).
- Prendre un verre à l'envers et tremper le haut du verre dans le sirop puis dans le sucre.
- Réitérer l'opération avec les autres verres.

Préparation des pailles :

- Tracer et découper sur la feuille cartonnée des petits rectangles de 6 cm x 4 cm. Couper une extrémité du rectangle pour qu'il prenne la forme d'un drapeau.
- Décorer au feutre et écrire le prénom sur le drapeau.
- Avec la perforatrice, faire deux trous l'un en dessous de l'autre du côté droit du drapeau et y passer la paille.
- Réitérer l'opération avec les autres pailles.

Le bonhomme de neige porte-photos

30 minutes + 24 h de séchage €€€ 8 à 12 ans

Activité d'intérieur

Matériel : de la pâte qui sèche à l'air, des ciseaux, 5 perles de rocaille noires, 1 feuille cartonnée orange, 1 couteau, de la colle, 1 ruban rouge, 1 cure-dent, 2 brindilles de bois, du fil de fer (15 cm)

- Faire deux boules avec la pâte qui sèche à l'air : une de 5 cm de diamètre et l'autre de 2,5 cm de diamètre.
- Planter le cure-dent au centre de la grosse boule et piquer la petite boule par-dessus. Presser les deux boules ensemble pour les coller.
- Planter deux perles sur la petite boule pour faire les yeux.
- Planter trois perles les unes en dessous des autres sur la grosse boule pour faire les boutons.
- Dans la feuille cartonnée orange, découper une forme de carotte.
- Faire une entaille au couteau dans la petite boule sous les yeux (pour y planter plus tard le nez en carotte).
- Planter les brindilles de bois de chaque côté de la grosse boule.

- À une des extrémités du fil de fer, faire une spirale à plat et laisser les 8 cm de fil restants droits. Planter le fil dans le bonhomme de neige au niveau de la tête et laisser dépasser 3 cm de fil et la spirale. Laisser sécher 24 h.
- Mettre un peu de colle dans l'entaille de la tête et y planter la carotte découpée dans le carton.
- Mettre de la colle autour du cou du bonhomme de neige et enrouler le ruban autour en finissant par un nœud comme pour une écharpe.
- Il ne reste plus qu'à glisser une photo dans la spirale !

SCÈNE 2 : **Jeux**

L'écriture d'un acrostiche

(écrire un joli poème avec les lettres d'un prénom)

15 minutes | 1 joueur | 10 à 12 ans | Activité d'intérieur

Matériel : 1 crayon, 1 feuille de papier

- Écrire les lettres d'un prénom verticalement.
- À partir de chaque lettre, écrire une phrase sur la personne tel un petit poème.
- Il faut que les phrases riment ensemble.

Variante : on peut écrire un acrostiche pour l'offrir à quelqu'un ; choisir une belle feuille de papier (décorée avec des tampons par exemple) et écrire avec des feutres ou stylos de couleur. Rouler ensuite la feuille sur elle-même et faire un nœud avec un joli ruban.

Le jeu de devinettes

(sur la neige ou sur le sable)

5 minutes 2 joueurs minimum 8 à 12 ans

Activité d'extérieur

- Un joueur doit faire deviner un mot aux autres joueurs en l'écrivant dans la neige ou le sable avec ses pieds !
- Il doit écrire le mot en lettres capitales.
- Les joueurs doivent deviner le mot avant que le joueur finisse d'écrire.
- Celui qui a trouvé le mot a gagné et peut écrire à son tour.

Variante : jouer par équipes de deux. La première équipe qui trouve le mot a gagné !

Le jeu des carreaux

10 minutes | 2 joueurs | 8 à 12 ans | Activité d'intérieur

Matériel : 1 stylo noir, 1 crayon de couleur différente par joueur, 1 feuille de papier quadrillé

- Sur la feuille quadrillée, délimiter un cadre avec le stylo noir.
- Chaque joueur repasse un côté d'un carreau avec son crayon de couleur.
- Chaque joueur avance en repassant un côté de carreau afin de former une ligne.
- Le but est de stopper l'autre joueur en touchant sa ligne.
- Il ne faut pas toucher les bords de la piste.
- Le premier qui touche l'autre a gagné !

Le jeu des deux chemins

15 minutes | 2 joueurs | 8 à 12 ans | Activité d'intérieur

Matériel : 1 stylo ou feutre noir, 1 crayon de couleur différente par joueur, 1 feuille de papier quadrillé

- Sur la feuille quadrillée, délimiter une piste de jeu sinueuse avec un feutre noir avec un départ et une arrivée (elle doit être assez large).
- Chaque joueur trace une ligne avec son crayon pour se rapprocher de la ligne d'arrivée.
- Il ne peut avancer que d'un carreau de plus ou de moins qu'au tour précédent.
- Il doit suivre les lignes ou les diagonales des carreaux.
- Il ne faut pas toucher les bords de la piste.
- Le premier arrivé a gagné !

Le jeu des mariages mimés

15 minutes 7 joueurs minimum 7 à 12 ans
Activité d'intérieur

Matériel : 1 crayon, 1 feuille de papier, des ciseaux

- Choisir un meneur. Il découpe autant de morceaux de papier qu'il y a de joueurs.
- Ensuite le meneur écrit sur les morceaux de papier une chose à mimer (animaux, métiers, actions) en double exemplaire.
- Il distribue un morceau de papier à chaque joueur qui lit silencieusement le mime inscrit sur le papier.
- Une fois le top départ donné par le meneur, les joueurs font leur mime et essayent de trouver leur paire.
- La paire la plus vite rassemblée a gagné !

Le jeu du bluffeur

(ou jeu du dictionnaire)

15 minutes | 2 joueurs minimum | 10 à 12 ans

Activité d'intérieur

Matériel : 1 crayon, 1 feuille de papier par joueur, 1 dictionnaire

-----

- Un joueur est le meneur. Il choisit dans le dictionnaire un mot peu connu. Il note sa définition sur sa feuille de papier.
- Puis il annonce le mot à tous les joueurs.
- Les joueurs doivent écrire sur leur feuille une définition du mot annoncé. Elle doit être la plus réaliste ou la plus fantaisiste possible.
- Le meneur ramasse toutes les feuilles puis il lit toutes les définitions sans dire à qui elles appartiennent.
- Le gagnant est celui qui trouve la définition du dictionnaire parmi toutes les autres. Il prend la place du meneur.
- Les joueurs peuvent recevoir des points par le meneur lorsqu'ils gagnent. À la fin, celui qui a le plus de points a gagné. Dans ce cas, le meneur ne change pas.

Variante : on peut mettre en place un système de vote. On vote pour la bonne définition. Celui qui a trouvé la vraie définition gagne 3 points et celui pour qui on a le plus voté gagne autant de points qu'il a eu de votes. On compte les points à la fin du jeu. Celui qui a le plus de points a gagné.

Le jeu du cadavre exquis

15 minutes 2 joueurs minimum 8 à 12 ans
Activité d'intérieur

Matériel : 1 crayon, 1 feuille de papier par joueur

- Chaque joueur dessine sur sa feuille de papier une tête (animal, monstre, personnage, etc.).
- Puis il plie sa feuille de manière à ne laisser dépasser que quelques traits pour que le suivant dessine la suite sans voir le dessin.
- Les joueurs passent leur feuille à leur voisin qui dessine alors un corps, plie la feuille de manière à ne laisser apparaître que quelques traits, et ainsi de suite.
- Enfin, les joueurs passent leur feuille à leur voisin et poursuivent les traits pour dessiner des pieds.
- Chacun déplie ensuite sa feuille et admire le drôle de personnage obtenu !

Variante : on peut faire de même avec des phrases en répondant aux questions : Qui ? Que fait-il ? Avec qui ? Où ? Quand ? Penser à bien plier pour cacher ce qui est écrit avant de passer la feuille.

Le jeu du petit bac

15 minutes 2 joueurs minimum 10 à 12 ans
Activité d'intérieur

Matériel : 1 crayon, 1 feuille de papier par joueur

- Sur la feuille, faire un tableau avec 7 colonnes : une pour la lettre choisie, une pour le total des points (tout à droite du tableau) puis une par thème choisi par les joueurs : pays, prénom, couleur, fruit/légume, animal, célébrité, métier, fleur, plante, ville, etc.
- Choisir une lettre de l'alphabet.
- Au top départ, tous les joueurs inscrivent un mot dans chaque colonne commençant par la lettre choisie et correspondant au thème.
- Le premier qui a rempli toutes ses colonnes dit « stop » et le jeu s'arrête.
- Compter les points : un mot trouvé par plusieurs joueurs ne compte pas de points. Sinon un mot vaut un point. Ensuite, inscrire le total de ses points dans la colonne de droite.
- Refaire le même processus avec d'autres lettres.
- Le jeu s'arrête quand on veut.
- À la fin, le joueur qui a le plus de points a gagné.

Qui suis-je ?

10 minutes 4 joueurs minimum 9 à 12 ans

Activité d'extérieur ou d'intérieur

Matériel : des ciseaux, 1 épingle à nourrice, des magazines ou publicités de bande dessinée, de DVD ou de jeux vidéo

-----

- Découper un personnage connu dans un magazine et l'épingler dans le dos de son voisin sans que ce dernier ne le voie.
- Chaque joueur doit découvrir quel personnage est accroché dans son dos en posant des questions au reste des joueurs. On ne peut répondre que par oui ou par non !
- Celui qui trouve son personnage en premier a gagné !

Variante : écrire le nom des personnages sur des post-it.

Tour de passe-passe

5 minutes | 9 à 12 ans | Activité d'intérieur

Matériel : 1 ficelle ou 1 cordelette

- Demander à quelqu'un de faire un nœud sans lâcher les deux extrémités de la ficelle.

Solution : il faut croiser les bras avant de saisir les 2 extrémités de la ficelle. En décroisant les bras, le nœud se forme tout seul.

SCÈNE 3 : **Recettes de cuisine**

Des petits bonshommes de pain d'épice

30 minutes €€ 6 à 12 ans + 1 adulte
Activité d'intérieur

Matériel : 1 verre, 1 saladier, 1 fourchette, 1 cuillère, 1 plaque en silicone (ou du papier cuisson), 1 emporte-pièce en forme de bonhomme, 1 rouleau à pâtisserie, 1 four

Ingrédients pour le pain d'épice : ½ verre d'huile, ½ verre de miel, ½ verre sucre, 2 verres de farine, 1 jaune d'œuf, ½ cuillerée à café de muscade, ½ cuillerée à café de cannelle, 1 pincée de gingembre, 1 pincée de sel

Ingrédients pour le glaçage : 1 blanc d'œuf, du sucre glace, des colorants alimentaires, des décorations (billes de couleurs, pépites de chocolat, raisins…)

Préparation des bonshommes :

- Préchauffer le four à 150 °C (th. 5).
- Dans un saladier, mélanger le jaune d'œuf, le miel, l'huile et le sucre.
- Ajouter la cannelle, le sel, le gingembre et la muscade. Mélanger.

- Ajouter la farine et bien mélanger.
- Étaler la pâte avec le rouleau (environ 1 cm d'épaisseur) et découper des bonshommes avec l'emporte-pièce. Étaler de la farine sur votre plan de travail et sur le rouleau pour éviter que la pâte ne colle.
- Déposer les bonshommes sur une plaque de silicone ou du papier cuisson.
- Mettre au four à 150 °C (th. 5) pendant 15 minutes.

Fabrication du glaçage :

- Mélanger le blanc d'œuf avec du sucre glace jusqu'à l'obtention d'une pâte assez épaisse pour ne pas trop couler.
- Faire des décorations sur le pain d'épices avec le glaçage.
- Pour un glaçage coloré, ajouter du colorant alimentaire dans le mélange.
- Avant que le glaçage ne durcisse, rajouter les pépites, raisins, billes de couleurs...
- Laisser durcir à l'air. Bon appétit !

La bûche de Noël

20 minutes + 2 h de réfrigération €€ 6 à 12 ans

Activité d'intérieur

Matériel : 1 saladier, 1 rouleau à pâtisserie, du papier aluminium, du papier essuie-tout.

Ingrédients pour 4 à 6 personnes : 20 petits-beurre, 200 g de poudre chocolatée (type Banania®), 10 cuillerées à soupe de sucre, 9 cuillerées à soupe de beurre ramolli, 4 jaunes d'œufs, 1 cuillerées à soupe d'huile

-----

- Écraser les petits-beurre à l'aide d'un rouleau à pâtisserie.
- Dans un saladier, mélanger la poudre chocolatée, les jaunes d'œufs, le beurre, le sucre et les petits-beurre écrasés.
- À l'obtention d'une pâte bien compacte, la rouler en forme de bûche.
- Sur une feuille de papier aluminium (côté terne), mettre de l'huile à l'aide du papier essuie-tout.
- Envelopper la bûche avec le papier aluminium huilé.
- Mettre deux heures au réfrigérateur.
- Déguster la bûche coupée en fines tranches.

Mes petites truffes

50 minutes + 2 h de réfrigération €€ 6 à 12 ans

Activité d'intérieur

Matériel : 1 saladier, 1 casserole, 1 spatule en bois

Ingrédients : 2 jaunes d'œuf, 100 g de beurre, 300 g de chocolat pâtissier, 125 g de sucre glace, 1 cuillère à soupe de lait, 4 cl de crème liquide, du cacao en poudre (noir de préférence)

- Faire fondre le chocolat avec le lait. Mélanger avec la spatule en bois.
- Retirer du feu. Ajouter le beurre coupé en petits morceaux.
- Incorporer les jaunes d'œuf un par un puis la crème liquide.
- Bien mélanger.
- Incorporer le sucre glace.
- Mettre le tout dans un saladier et réserver au frais pendant 2 heures.
- Une fois la pâte bien dure, former des petites boules et les rouler dans le cacao en poudre.
- À conserver au frais.

Variante : offrir ces truffes dans des petits sachets (voir page 204) !

La galette des rois

55 minutes · €€ · 6 à 12 ans + 1 adulte · Activité d'intérieur

Matériel : 1 saladier, 1 rouleau à pâtisserie, 1 fève, 1 bol, 1 couteau, 1 pinceau de cuisine, 1 plaque de cuisson en silicone ou du papier cuisson

Ingrédients pour 4 à 6 personnes : 2 rouleaux de pâte feuilletée, 2 œufs + 1 jaune, 3 cuillerées à soupe de sucre, 3 cuillerées à soupe de poudre d'amandes, un tout petit peu de lait

-----

- Préchauffer le four à 180 °C (th. 6). Dans le saladier, mélanger 2 œufs avec 3 cuillères à soupe de sucre et 3 cuillères à soupe de poudre d'amandes pour obtenir un mélange crémeux.
- Dérouler une pâte feuilletée sur la plaque de cuisson. Étaler le mélange sur la pâte, poser la fève, remettre un peu de mélange pour couvrir la fève.
- Dérouler la deuxième pâte et la poser par-dessus le tout. Pincer les bords de la galette avec les doigts préalablement trempés dans un peu de lait pour fermer.
- Avec la pointe d'un couteau dessiner quelques traits sur le dessus de la pâte. Battre le jaune d'œuf dans un bol et l'étaler sur la galette pour la faire dorer à la cuisson.
- Faire cuire 35 minutes à 180 °C (th. 6). Bon appétit !

Astuce : penser à préparer les deux couronnes (voir page 191).

Des petits pains perdus

15 minutes + 10 minutes de cuisson

6 à 12 ans + 1 adulte — Activité d'intérieur

Matériel : 1 saladier, 1 fourchette, 1 cuillère, 1 poêle, 1 spatule en bois, des emporte-pièce (ou 1 petit verre), 1 assiette, du papier absorbant

Ingrédients : 4 œufs, des tranches de pain de mie ou complet, 2 cuillerées à café de sucre, de l'huile de tournesol pour la cuisson

- Battre les œufs dans le saladier et ajouter le sucre. Mélanger.
- Dans les tranches de pain, découper des formes avec les emporte-pièce.
- Plonger les formes en pain dans le saladier de manière à ce qu'ils soient bien recouverts. Les disposer sur une assiette.
- Dans une poêle, verser de l'huile et faire chauffer à feu doux.
- Avec la spatule en bois, déposer dans la poêle les formes de pain préalablement trempées dans le mélange œufs/sucre.
- Lorsque le premier côté est doré et croustillant, retourner les pains et faire dorer.
- Sortir les pains de la poêle et les laisser s'égoutter sur du papier absorbant. C'est prêt !

Des petits quatre-quarts

20 minutes + 12 minutes de cuisson €€ 6 à 12 ans + 1 adulte
Activité d'intérieur

Matériel : 1 saladier, 1 fourchette, 1 cuillère, 1 spatule en bois, 1 assiette, 1 four, 1 tamis, 1 bol, des petits moules à gâteau en silicone ou des caissettes en papier alimentaire

Ingrédients pour les quatre-quarts : 3 œufs, 100 g de beurre ramolli, 100 g de sucre, 100 g de farine à levure incorporée

Pour le glaçage : 100 g de sucre glace, des décorations alimentaires

- Préchauffer le four à 190 °C (th. 6/7).
- Dans un saladier, mélanger le beurre et le sucre. Le mélange doit être crémeux.
- Battre les œufs dans un bol et les incorporer au premier mélange.
- Ajouter la farine à l'aide d'un tamis et mélanger le tout.
- Verser le mélange dans les moules à gâteau.
- Mettre en haut du four pour 12 minutes de cuisson.
- Préparer le glaçage en mélangeant le sucre glace avec un peu d'eau. Cette préparation doit être assez épaisse.
- Lorsque les gâteaux sont cuits, étaler du glaçage sur le dessus. Ajouter les décorations avant que le glaçage ne durcisse.

Des petits sablés apéritifs

30 minutes €€ 6 à 12 ans + 1 adulte

Activité d'intérieur

Matériel : 1 saladier, 1 fourchette, 1 cuillère, 1 plaque en silicone (ou du papier cuisson), des emporte-pièce (ou 1 petit verre), 1 rouleau à pâtisserie, 1 four

Ingrédients pour 50 sablés environ : 250 g de farine, 160 g de beurre ramolli, 1 blanc d'œuf et 1 demi-jaune d'œuf, 2 pincées de sucre roux, 2 pincées de sel, 140 g de fromage râpé, 1 cuillerée à soupe de moutarde, du poivre

- Préchauffer le four à 200 °C (th. 6/7).
- Dans un saladier, mélanger le beurre, le sucre et le sel jusqu'à ce que le mélange devienne blanc.
- Faire un puits au centre du mélange et y casser l'œuf. Mélanger.
- Ajouter la farine et bien mélanger.
- Ajouter le fromage et la moutarde. Mélanger.
- Étaler la pâte avec le rouleau (environ 3 mm d'épaisseur) et découper des formes avec l'emporte-pièce. Étaler de la farine sur le plan de travail et sur le rouleau pour éviter que la pâte ne colle.
- Déposer les sablés sur une plaque de silicone ou du papier cuisson.
- Mettre au four à 200 °C (th. 6/7) pendant 12 minutes. Bon appétit !

Des petits sablés pour le goûter

30 minutes €€ 6 à 12 ans + 1 adulte
Activité d'intérieur

Matériel : 1 saladier, 1 fourchette, 1 cuillère, 1 plaque en silicone (ou du papier cuisson), des emporte-pièce (ou 1 petit verre), 1 rouleau à pâtisserie, 1 four

Ingrédients pour 100 sablés environ : 500 g de farine, 280 g de beurre ramolli, 1 jaune d'œuf et 1 demi-blanc d'œuf, 220 g de sucre, 1 demi-cuillerée à café de vanille en poudre, 1 pincée de sel

-----

- Préchauffer le four à 200 °C (th. 6/7).
- Dans un saladier, mélanger le beurre, le sucre, la vanille et le sel jusqu'à ce que le mélange devienne blanc.
- Faire un puits au centre du mélange et y casser l'œuf. Mélanger.
- Ajouter la farine et bien mélanger.
- Étaler la pâte avec le rouleau (environ 5 mm d'épaisseur) et découper des formes avec l'emporte-pièce. Étaler de la farine sur votre plan de travail et sur le rouleau pour éviter que la pâte ne colle.
- Déposer les sablés sur une plaque de silicone ou du papier cuisson.
- Mettre au four à 200 °C (th. 6/7) pendant 12 minutes. Bon appétit !
- On peut offrir ces sablés dans des sachets (voir page 204) !

Le meilleur gâteau au chocolat !

30 minutes €€ 6 à 12 ans + 1 adulte

Activité d'intérieur

Matériel : 1 saladier, 1 casserole, 1 cuillère, 1 batteur électrique, 1 moule à gâteau ou du papier cuisson, 1 four

Ingrédients : 5 œufs, 100 g de beurre, 200 g de chocolat pâtissier, 4 cuillerées à soupe de farine, 100 g de sucre

-----

- Préchauffer le four à 180 °C (th. 6).
- Faire fondre le chocolat et le beurre au bain-marie.
- Dans un saladier, mélanger les jaunes d'œuf, le sucre et la farine.
- Battre les blancs en neige.
- Ajouter le chocolat et le beurre fondus dans le saladier. Mélanger.
- Incorporer les blancs en neige.
- Verser le tout dans un plat à gâteau recouvert de papier cuisson ou beurré avec de la farine. On peut aussi faire des petits gâteaux avec des moules prévus à cet effet.
- Mettre au four à 180 °C (th. 6) pendant 20 minutes environ. L'intérieur du gâteau doit rester fondant.
- Bon appétit !

GABARITS

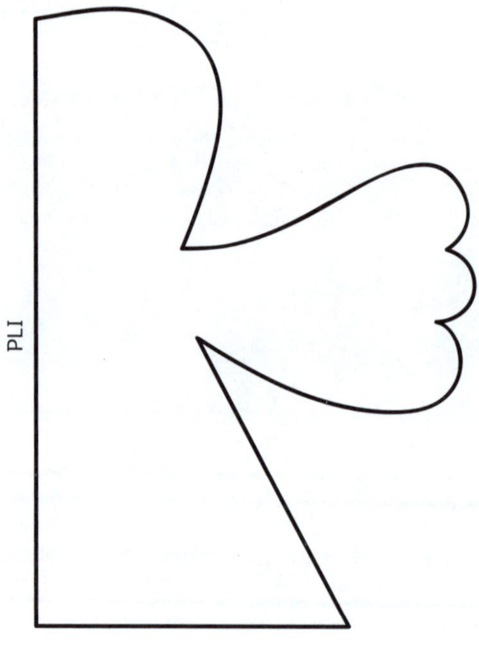

Gabarit pour « la carte en 3D », page 11

À utiliser à taille réelle

Gabarit pour « la fleur magique », page 18

À photocopier, pour agrandir 2 fois (zoom à 200 %)

Gabarit pour « l'oiseau en papier à suspendre », page 22

À photocopier, pour agrandir 2 fois (zoom à 200 %)

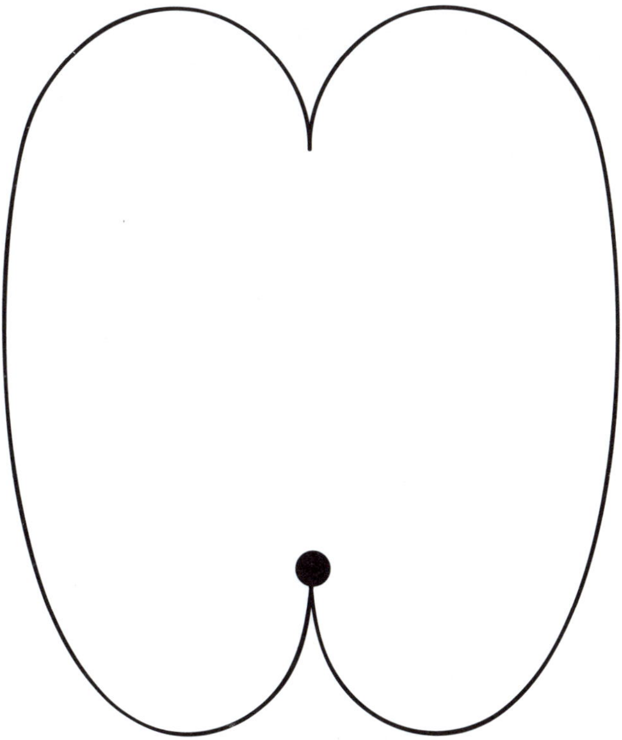

Gabarit pour « chausser et décorer des ballons de baudruche », page 28
À utiliser à taille réelle

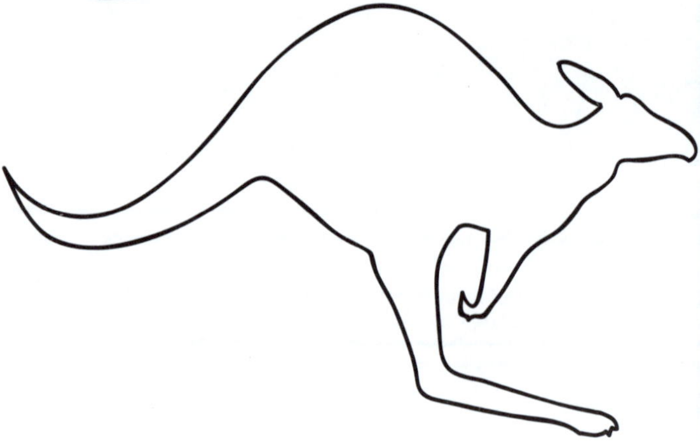

Gabarit pour « une peinture aborigène », page 30
À photocopier, pour agrandir de 30 % (zoom à 130 %)

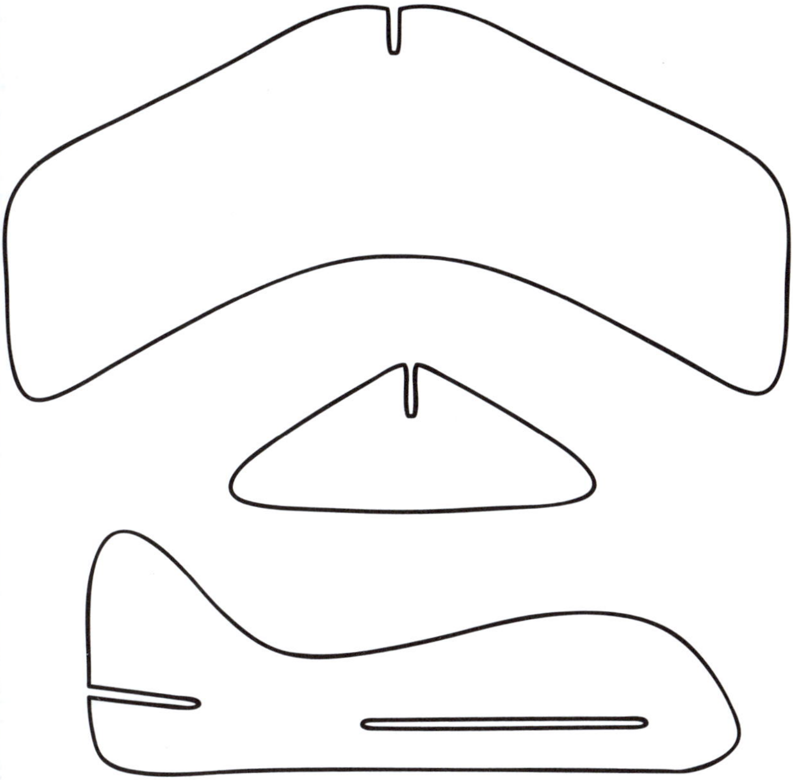

Gabarit pour « un avion à faire voler », page 41
À photocopier, pour agrandir de 40 % (zoom à 140 %)

Gabarit pour « un drôle de zèbre », page 76

À photocopier, pour agrandir de 50 % (zoom à 150 %)

Gabarit pour « l'ombre du jazzman », page 91
À photocopier, pour agrandir 5 fois (zoom à 500 %)

Gabarit pour « un totem de bonbons », page 119

À utiliser à taille réelle

Gabarit pour « la chouette pantin », page 131
À photocopier, pour agrandir 3 fois (zoom à 300 %)

Gabarit pour « un mobile à la manière de Calder », page 142

À photocopier, pour agrandir 2 fois (zoom à 200 %)

**Gabarit pour « des porte-clés pour Halloween »,
page 145**

À photocopier, pour agrandir 7 fois (zoom à 700 %)

Gabarit pour « la girouette crocodile », page 148
À photocopier, pour agrandir 2 fois (zoom à 200 %)

Gabarit pour « le sapin de Noël en relief », page 187
À photocopier, pour agrandir 2 fois (zoom à 200 %)

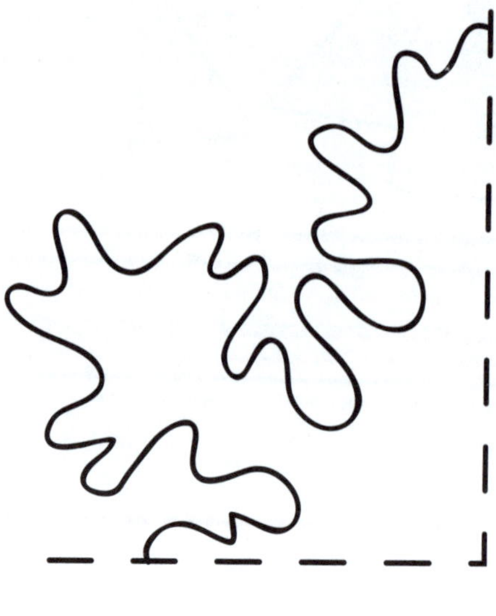

Gabarit pour « des flocons de neige en papier », page 193

À utiliser à taille réelle

Index des activités

Activités manuelles

Jeux

Recettes de cuisine

Ma p'tite famille !

Maman organisée
Emmanuelle Hamet

Toutes les astuces pour devenir la plus sereine des mamans !

Maman sereine
Caroline Lambert

Mère et femme : les clés pour trouver votre équilibre

Maman travaille
Marlène Schiappa

Le 1er guide des mères actives !

Mon mariage
Peggy Mignot-Paillet

Organisez votre mariage entre restant zen et détendu(e) !

Papa débutant
Lionel Paillès
Le guide que tous les jeunes pères attendaient !

Le plus joli des prénoms
Sonia Julaud

Et vous, comment allez-vous l'appeler ?

9,95 € / 13 x 19 cm / Illustrés par Nathalie Jomard

Ma p'tite famille !

La préparation à l'accouchement
Benoît Le Goëdec

Toutes les méthodes pour accueillir bébé en douceur !

Un massage pour mon bébé
Nadia Ivanova

Tous les bienfaits des massages expliqués pas à pas !

9,95 € / 13 x 19 cm / Illustrés par Nathalie Jomard

Parents débutants : le coffret
Olivia Toja et Lionel Paillès

Un coffret réunissant *Papa débutant* et *Maman débutante*, pour des jeunes parents dé-com-ple-xés !

19,80 €

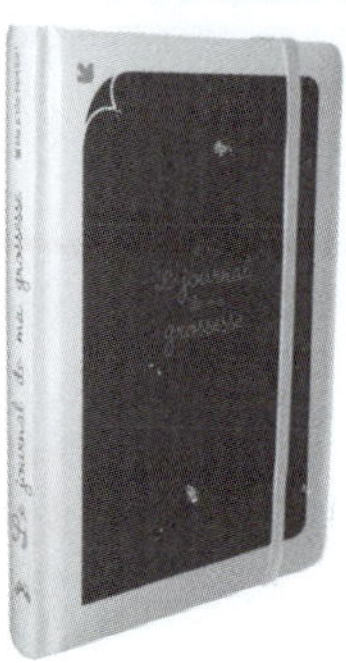

Le journal de ma grossesse
Olivia Toja

Un carnet pour tout comprendre et ne rien oublier de ces 9 mois.

12,90 €

Le p'tit journal de mon bébé
Olivia Toja

Un carnet tout doux à remplir pour ne rien oublier de sa première année.

12,90 €

Ma p'tite famille !

5,95 €

Cahier d'exercices pour Papa débutant
Lionel Paillès, illustré par Nathalie Jomard

Tout pour affronter la paternité avec humour !

L'organiseur de mon mariage
Harmonie Spahn

Un outil pratique et complet pour organiser votre mariage de A à Z.

24,90 €